B2B

Guia Básico do Business-to-Business
Geo Report
2023

Capítulo 1: Introdução ao B2B

1.1 O que é B2B (Business-to-Business)?

O Business-to-Business (B2B), ou "Empresa para Empresa", é um modelo de transação comercial que envolve a compra e venda de produtos, serviços ou informações entre empresas, em oposição às transações voltadas para o consumidor final, conhecido como Business-to-Consumer (B2C). No contexto do B2B, uma empresa atua como cliente de outra empresa, seja para adquirir produtos que serão utilizados em suas operações internas, revender para outros clientes ou integrar em seus próprios produtos e serviços.

O B2B é uma parte fundamental da economia global, sustentando uma ampla variedade de indústrias, desde manufatura e tecnologia até serviços financeiros e logística. Nesse modelo, as empresas frequentemente compram em quantidades maiores e, muitas vezes, em ciclos mais longos do que os consumidores individuais. Isso ocorre porque as empresas geralmente precisam de suprimentos consistentes para manter suas operações funcionando, o que pode envolver processos complexos de fornecimento, produção e distribuição.

Essa relação comercial envolve vários aspectos:

1. Produtos e Serviços Especializados: O B2B abrange produtos e serviços que atendem às necessidades específicas das empresas. Pode ser desde matéria-prima para a fabricação até software personalizado para otimizar processos internos.
2. Relacionamentos de Longo Prazo: Devido à natureza das compras, as relações B2B tendem a ser mais duradouras e construídas com base na confiança. As empresas procuram fornecedores confiáveis e consistentes.
3. Negociações Personalizadas: As transações B2B frequentemente envolvem negociações mais complexas, pois as necessidades de cada empresa são únicas. Isso pode incluir preços, prazos de entrega, especificações do produto etc.
4. Vendas Consultivas: As vendas no modelo B2B frequentemente são consultivas, envolvendo uma compreensão profunda das necessidades do cliente e a oferta de soluções personalizadas.
5. Influência na Cadeia de Suprimentos: A eficiência e a qualidade dos produtos e serviços fornecidos por empresas no modelo B2B podem impactar toda a cadeia de suprimentos e, por extensão, a qualidade do produto final ou serviço prestado pela empresa compradora.

O B2B é a espinha dorsal de muitas atividades econômicas, contribuindo para a fabricação, distribuição e prestação de serviços em várias indústrias. As empresas que operam nesse modelo desempenham papéis interdependentes, formando uma rede complexa de colaboração e transações que mantém a economia funcionando de maneira eficiente.

1.2 Importância do B2B na economia

O Business-to-Business (B2B) desempenha um papel fundamental na economia global, sendo a espinha dorsal que sustenta o funcionamento de diversas indústrias e setores. Essa modalidade de transação comercial não apenas viabiliza a circulação de produtos e serviços entre empresas, mas também impulsiona o crescimento econômico de maneira significativa. Aqui estão alguns pontos-chave que destacam a importância do B2B na economia:
1. Cadeia de Suprimentos Integrada: O B2B é essencial para a criação e manutenção de cadeias de suprimentos eficientes. Empresas que fornecem insumos, componentes e matérias-primas

desempenham um papel crucial na garantia de que outras empresas possam produzir, montar e entregar produtos finais aos consumidores.

2. Fomento à Inovação: A interdependência entre empresas no modelo B2B incentiva a inovação. Empresas colaboram para desenvolver produtos e serviços mais avançados, resultando em melhorias contínuas e avanços tecnológicos que beneficiam toda a indústria.

3. Criação de Empregos: A demanda gerada por transações B2B cria empregos em várias etapas da cadeia produtiva. Desde a fabricação até a distribuição e marketing, o B2B gera oportunidades de emprego em uma ampla gama de setores.

4. Estímulo ao Crescimento Econômico: O B2B impulsiona o crescimento econômico ao estimular a atividade empresarial. À medida que as empresas obtêm sucesso, elas expandem suas operações, contratam mais funcionários e contribuem para o aumento do Produto Interno Bruto (PIB) do país.

5. Desenvolvimento Regional: O B2B muitas vezes estimula o desenvolvimento de regiões específicas. Concentrações de empresas que fornecem insumos ou serviços especializados podem se formar, criando polos econômicos e impulsionando o desenvolvimento local.

6. Comércio Internacional: O B2B também é a base do comércio internacional. As empresas exportam e importam produtos e serviços em transações B2B, contribuindo para a globalização da economia.

7. Estabilidade Econômica: A diversificação das transações B2B ajuda a distribuir riscos. Se uma indústria é afetada por desafios econômicos, outras podem continuar operando, evitando desequilíbrios significativos na economia.

8. Sustentabilidade: A cooperação no modelo B2B pode levar a práticas mais sustentáveis. Empresas que fornecem componentes ou materiais podem trabalhar em conjunto para reduzir desperdícios e minimizar o impacto ambiental.

9. Investimentos e Financiamento: As transações B2B também têm um impacto nos mercados financeiros. Empresas podem buscar investimentos e financiamento para expandir suas operações, impulsionando a atividade econômica geral.

O B2B é uma engrenagem crucial na máquina econômica global. As interações entre empresas, sua colaboração e dependência mútua são fatores fundamentais para o crescimento, inovação e sustentabilidade das economias em todo o mundo.

1.3 Diferenças entre B2B e B2C (Business-to-Consumer)

As diferenças fundamentais entre os modelos de negócios B2B (Business-to-Business) e B2C (Business-to-Consumer) estão centradas nos tipos de transações, no público-alvo e nas estratégias de marketing e vendas. Aqui estão as principais distinções entre esses dois modelos:

1. Público-Alvo e Clientes:
- B2B: No modelo B2B, as transações são direcionadas para outras empresas. As empresas que compram estão buscando produtos ou serviços para uso em suas operações comerciais. O foco está em atender às necessidades específicas do negócio e às demandas do mercado corporativo.
- B2C: No modelo B2C, as transações são direcionadas para consumidores individuais. As empresas vendem produtos ou serviços diretamente aos consumidores finais, buscando satisfazer as necessidades pessoais e preferências dos indivíduos.

2. Volume de Compra:
- B2B: No B2B, as quantidades de compra tendem a ser maiores, pois as empresas frequentemente precisam de suprimentos consistentes para suas operações.
- B2C: No B2C, as quantidades de compra são geralmente menores, visto que atendem às necessidades individuais dos consumidores.

3. Complexidade da Compra:
- B2B: As decisões de compra no B2B são frequentemente mais complexas, envolvendo considerações como retorno sobre investimento, integração com sistemas existentes e necessidades operacionais específicas.
- B2C: As decisões de compra no B2C podem ser influenciadas por fatores emocionais, estéticos e de conveniência, tornando-as, por vezes, menos complexas do que no B2B.

4. Relacionamentos e Interações:
- B2B: As transações B2B geralmente envolvem relacionamentos de longo prazo, construídos com base na confiança mútua e na entrega consistente de valor ao longo do tempo.
- B2C: As transações B2C podem ser mais transacionais e de curto prazo, com menos ênfase em construir relacionamentos duradouros.

5. Estratégias de Marketing e Vendas:
 - B2B: As estratégias de marketing B2B enfatizam a educação, fornecendo informações detalhadas sobre como os produtos ou serviços podem resolver problemas específicos do negócio. As vendas muitas vezes são consultivas, com foco na apresentação de soluções personalizadas.
 - B2C: As estratégias de marketing B2C frequentemente apelam para emoções, valores e experiências. As vendas podem ser impulsionadas por campanhas de marketing criativas e apelativas.
6. Ciclo de Vendas:
 - B2B: O ciclo de vendas no B2B tende a ser mais longo, devido à complexidade das decisões e à necessidade de estabelecer confiança.
 - B2C: O ciclo de vendas no B2C pode ser mais curto, já que os consumidores individuais podem tomar decisões de compra mais rapidamente.
7. Canais de Distribuição:
 - B2B: Os canais de distribuição no B2B podem envolver distribuidores, revendedores e parceiros de negócios para atingir um público empresarial mais amplo.
 - B2C: Os canais de distribuição no B2C frequentemente envolvem vendas diretas, varejo físico e online.

As diferenças entre os modelos B2B e B2C impactam todos os aspectos dos negócios, desde o público-alvo até as estratégias de marketing, vendas e relacionamento com o cliente. Cada modelo exige abordagens distintas para atender às necessidades e expectativas únicas de seus respectivos públicos.

1.4 Benefícios e desafios do B2B

O modelo Business-to-Business (B2B) oferece uma série de benefícios às empresas, ao mesmo tempo em que apresenta desafios específicos. Aqui estão os principais benefícios e desafios do B2B:
Benefícios do B2B:
1. Transações em Volume: As transações B2B frequentemente envolvem a compra e venda em volume, permitindo que as empresas obtenham suprimentos, matérias-primas ou produtos acabados em quantidades maiores, o que pode levar a economias de escala e redução de custos unitários.

2. Relações de Longo Prazo: O B2B geralmente promove a construção de relações de longo prazo entre empresas. A confiança mútua e a colaboração contínua são valorizadas, criando parcerias estáveis e benéficas para ambas as partes.
3. Personalização e Customização: No B2B, é comum que os produtos e serviços sejam personalizados para atender às necessidades específicas de cada cliente. Isso pode levar a soluções mais adequadas e relevantes para as empresas compradoras.
4. Maior Valor Agregado: Muitas vezes, produtos e serviços vendidos no B2B agregam mais valor do que aqueles voltados para o consumidor final. Isso ocorre porque as empresas compradoras frequentemente buscam soluções que possam melhorar suas próprias operações.
5. Crescimento Sustentável: As relações de longo prazo e a demanda contínua por produtos e serviços B2B contribuem para um crescimento mais sustentável ao longo do tempo.
Desafios do B2B:
1. Negociações Complexas: As negociações no modelo B2B tendem a ser mais complexas devido à natureza das transações e à necessidade de chegar a acordos que atendam às expectativas de ambas as partes.
2. Ciclos de Vendas Prolongados: Os ciclos de vendas no B2B costumam ser mais longos devido às negociações detalhadas, tomadas de decisão mais complexas e avaliações rigorosas de custos e benefícios.
3. Dependência de Parceiros: No B2B, as empresas muitas vezes dependem de fornecedores e parceiros para garantir que os produtos e serviços sejam entregues com qualidade e no prazo certo. Qualquer falha na cadeia de suprimentos pode afetar as operações.
4. Riscos Financeiros Maiores: Devido ao volume e valor das transações B2B, os riscos financeiros associados podem ser significativos. As empresas precisam avaliar cuidadosamente os riscos e as recompensas antes de fechar negócios.
5. Decisões em Grupo: Em muitos casos, as decisões de compra B2B envolvem várias partes interessadas e tomadores de decisão em uma organização. Isso pode complicar o processo de tomada de decisão e prolongar o ciclo de vendas.
        O modelo B2B oferece vantagens como transações em volume e relações de longo prazo, mas também apresenta desafios como negociações complexas e ciclos de vendas prolongados. As

empresas que operam no mercado B2B precisam gerenciar esses desafios enquanto capitalizam os benefícios únicos que esse modelo pode proporcionar.

1.5 Tendências atuais no mercado B2B

Certamente, o mercado B2B está passando por transformações significativas impulsionadas por avanços tecnológicos e mudanças nas expectativas dos clientes. Aqui estão algumas tendências atuais que estão moldando o ambiente B2B:
1. Digitalização dos Processos de Compra e Venda: Assim como no mercado B2C, a digitalização está se tornando uma parte fundamental do B2B. Plataformas online e marketplaces B2B estão emergindo, tornando mais fácil para as empresas pesquisarem, compararem e comprarem produtos e serviços de fornecedores em todo o mundo.
2. Personalização das Experiências B2B: Assim como os consumidores esperam experiências personalizadas, as empresas B2B também estão buscando personalização. Isso envolve oferecer recomendações sob medida, preços dinâmicos com base nas necessidades do cliente e fornecer suporte de vendas mais focado.
3. Importância Crescente do Marketing Digital: O marketing digital está ganhando terreno no ambiente B2B. Empresas estão usando estratégias como marketing de conteúdo, SEO (otimização de mecanismos de busca) e mídias sociais para se conectar com compradores em potencial e construir sua presença online.
4. Análise de Dados e Inteligência Artificial: As empresas B2B estão aproveitando a análise de dados e a inteligência artificial para entender melhor o comportamento dos clientes, prever tendências de demanda e aprimorar a personalização de suas ofertas.
5. Automação de Processos: A automação está melhorando a eficiência em várias áreas do B2B, desde a cadeia de suprimentos até o atendimento ao cliente. Isso não apenas reduz os erros, mas também libera recursos humanos para tarefas de maior valor agregado.
6. Marketplaces e Redes de Fornecedores: Plataformas de marketplace estão se tornando mais populares no B2B, permitindo que as empresas comprem e vendam em um ambiente online consolidado. Além disso, redes de fornecedores estão sendo formadas para facilitar a colaboração e a troca de informações.

7. Foco em Sustentabilidade e Responsabilidade Social: A preocupação com a sustentabilidade está se refletindo no B2B, com empresas procurando parceiros que adotem práticas éticas, ambientalmente conscientes e socialmente responsáveis.

8. Realidade Aumentada (AR) e Realidade Virtual (VR): A AR e a VR estão sendo usadas para melhorar a experiência B2B, permitindo que os clientes visualizem produtos de maneira mais imersiva e realizem treinamentos virtuais, por exemplo.

9. Compra por Meio de Dispositivos Móveis: Assim como os consumidores, os compradores B2B estão usando dispositivos móveis para fazer compras. Isso exige que as empresas otimizem suas plataformas para dispositivos móveis.

10. Expansão Global: A digitalização e a conectividade estão permitindo que empresas B2B expandam seus mercados globalmente, alcançando novos clientes em diferentes partes do mundo.

Essas tendências estão transformando a maneira como as empresas B2B operam, interagem com seus clientes e parceiros, e gerenciam suas operações. Adaptar-se a essas mudanças é essencial para manter a competitividade no mercado B2B em constante evolução.

Capítulo 2: Estratégias de Marketing no B2B

2.1 Segmentação de mercado B2B

A segmentação de mercado no contexto Business-to-Business (B2B) é uma estratégia essencial que visa dividir o mercado em grupos específicos de empresas que compartilham características e necessidades semelhantes. Essa abordagem ajuda as empresas a entenderem melhor seus clientes, adaptando suas estratégias de marketing e vendas de maneira mais eficaz. Aqui está uma explanação detalhada sobre a segmentação de mercado B2B:

O que é Segmentação de Mercado B2B?

A segmentação de mercado B2B envolve a análise cuidadosa das empresas compradoras para identificar diferentes grupos com características semelhantes. Essas características podem incluir tamanho da empresa, setor de atuação, localização geográfica, comportamento de compra, necessidades específicas e muito mais. A ideia é criar segmentos que sejam homogêneos internamente e heterogêneos entre si.

Benefícios da Segmentação no B2B:

1. Conhecimento Aprofundado dos Clientes: A segmentação permite que as empresas entendam melhor quem são seus clientes e quais são suas necessidades específicas. Isso possibilita a criação de ofertas mais relevantes e direcionadas.

2. Personalização das Estratégias de Marketing: Ao dividir o mercado em segmentos, as empresas podem criar mensagens, conteúdo e ofertas que ressoem melhor com cada grupo. Isso leva a estratégias de marketing mais personalizadas e eficazes.

3. Eficiência nas Campanhas: Ao direcionar esforços de marketing para segmentos específicos, as empresas podem evitar o desperdício de recursos em audiências que não são relevantes para seus produtos ou serviços.

4. Aumento da Taxa de Conversão: Ao se comunicar com empresas que têm necessidades semelhantes, a probabilidade de conversão aumenta, pois a mensagem é mais alinhada com o que o cliente procura.

Processo de Segmentação de Mercado B2B:

1. Coleta de Dados: As empresas coletam dados relevantes sobre suas empresas clientes, como tamanho, setor, localização, histórico de compras etc.

2. Análise de Dados: Os dados coletados são analisados para identificar padrões e características comuns entre as empresas.

3. Definição de Segmentos: Com base na análise, os segmentos são definidos. Cada segmento representa um grupo homogêneo de empresas.

4. Perfil de Segmentos: Cada segmento é detalhado com informações sobre necessidades, preferências, comportamentos de compra e características específicas.

5. Desenvolvimento de Estratégias: Com base nos perfis de segmentos, as empresas desenvolvem estratégias de marketing e vendas personalizadas para cada grupo.

Exemplo Prático:

Imagine uma empresa que vende equipamentos de TI. Ela pode segmentar seu mercado em segmentos como pequenas empresas de varejo, empresas de saúde de médio porte e grandes corporações financeiras. Cada segmento terá necessidades diferentes, como requisitos de segurança, tamanho de infraestrutura e orçamento. A empresa poderá criar mensagens específicas para cada segmento e oferecer soluções que atendam a essas necessidades individuais.

A segmentação de mercado B2B é um componente vital para o sucesso das estratégias de marketing e vendas. Ela permite que as empresas se aproximem de seus clientes de maneira mais precisa, fornecendo soluções que se alinham perfeitamente às suas necessidades, resultando em relacionamentos mais fortes e bem-sucedidos.

2.2 Desenvolvimento de personas no contexto B2B

O desenvolvimento de personas no contexto Business-to-Business (B2B) é uma estratégia valiosa que permite às empresas compreenderem melhor seus clientes-alvo e direcionar suas ações de marketing de forma mais eficaz. Personas são representações fictícias e detalhadas de empresas-alvo que ajudam a dar vida aos dados e a compreender as necessidades, desafios, objetivos e comportamentos dessas empresas. Aqui está uma análise detalhada sobre a importância das personas no marketing B2B:
Importância das Personas no Marketing B2B:
1. Entendimento Profundo dos Clientes: As personas B2B vão além dos dados demográficos básicos. Elas mergulham em detalhes sobre as empresas, como setor de atuação, tamanho, estrutura organizacional, objetivos de negócios e desafios específicos.
2. Direcionamento de Mensagens: Ao criar personas, as empresas podem adaptar suas mensagens e conteúdo de acordo com as necessidades específicas de cada segmento de clientes. Isso leva a comunicações mais relevantes e significativas.
3. Customização das Estratégias de Marketing: As personas permitem que as empresas desenvolvam estratégias de marketing personalizadas para cada segmento. Isso inclui decisões sobre canais de comunicação, tom de voz, estilo visual e abordagem geral.
4. Geração de Leads Qualificados: Com personas bem definidas, as empresas podem atrair e nutrir leads que se encaixam no perfil

de suas personas. Isso leva a uma geração de leads mais qualificada e relevantes para o negócio.

5. Desenvolvimento de Conteúdo Relevante: Ao entender as preocupações e desafios das empresas-alvo, as personas orientam a criação de conteúdo que aborda diretamente essas questões. Isso ajuda a construir confiança e a estabelecer a empresa como uma fonte confiável de informações.

6. Melhoria na Experiência do Cliente: Personas bem desenvolvidas permitem que as empresas projetem experiências sob medida para seus clientes. Isso abrange desde o primeiro contato até o pós-venda, aumentando a satisfação e a fidelidade do cliente.

Processo de Desenvolvimento de Personas no B2B:

1. Pesquisa: Coleta de dados através de pesquisas, entrevistas com clientes, análises de mercado e feedback de vendas.

2. Identificação de Padrões: Identificação de padrões e tendências nos dados coletados para agrupar empresas com características semelhantes.

3. Criação das Personas: Criação de personas detalhadas, incluindo nome fictício, detalhes demográficos, desafios, objetivos e preferências.

4. Validação: Validação das personas com as equipes de vendas e atendimento ao cliente para garantir que sejam precisas e representativas.

5. Utilização em Estratégias: As personas são usadas para orientar todas as estratégias de marketing, desde a criação de conteúdo até o desenvolvimento de campanhas.

Exemplo Prático:

Uma empresa que vende software de gestão de projetos B2B pode criar uma persona chamada "Gestor de Projetos Profissional". Essa persona pode ter detalhes sobre suas responsabilidades, desafios enfrentados na gestão de projetos, como lidar com orçamentos e prazos, e suas preferências ao buscar soluções de software.

O desenvolvimento de personas no marketing B2B é uma estratégia que permite uma compreensão mais profunda das necessidades das empresas-alvo e ajuda a personalizar as estratégias de marketing de maneira significativa. Isso resulta em comunicações mais relevantes, conexões mais fortes e, finalmente, em relacionamentos mais bem-sucedidos com os clientes.

2.3 Criação de conteúdo relevante para empresas

A criação de conteúdo relevante desempenha um papel fundamental no marketing Business-to-Business (B2B), permitindo que as empresas construam autoridade, confiança e relacionamentos duradouros com suas empresas-alvo. No B2B, onde as decisões de compra são frequentemente complexas e baseadas em necessidades específicas, o conteúdo educativo, informativo e útil desempenha um papel crucial. Aqui estão os principais pontos que destacam a importância da criação de conteúdo relevante no marketing B2B:

Construção de Autoridade e Confiança:

A criação de conteúdo relevante e de alta qualidade estabelece a empresa como uma fonte confiável de informações. Ao fornecer insights valiosos e soluções para os desafios que as empresas-alvo enfrentam, a empresa demonstra seu conhecimento e experiência, o que constrói autoridade e gera confiança.

Resposta a Necessidades Específicas:

As empresas B2B frequentemente têm necessidades específicas e complexas. O conteúdo relevante aborda essas necessidades de maneira direcionada, oferecendo soluções sob medida que resolvem problemas reais enfrentados pelo público-alvo.

Educação e Informação:

O conteúdo educativo ajuda as empresas-alvo a entenderem melhor os problemas que enfrentam e as soluções disponíveis. Isso não apenas estabelece a empresa como um parceiro valioso, mas também ajuda a facilitar a tomada de decisão informada por parte dos compradores.

Fomento ao Engajamento:

Conteúdo relevante atrai a atenção e o engajamento das empresas-alvo. Isso pode ocorrer por meio de blogs, whitepapers, vídeos, webinars e outros formatos, criando oportunidades para interação e diálogo.

Personalização das Estratégias:

A criação de conteúdo relevante permite que as empresas personalizem suas estratégias de marketing para atender às necessidades de cada segmento de clientes. Isso ajuda a direcionar as mensagens certas para o público certo, aumentando a eficácia das campanhas.

Destaque em um Mercado Competitivo:

Em um mercado B2B competitivo, a criação de conteúdo diferenciado pode fazer a diferença. Conteúdo que oferece insights únicos, aborda tópicos relevantes e entrega valor real é mais propenso a se destacar e atrair a atenção das empresas-alvo.

Desenvolvimento de Relacionamentos Duradouros:

Ao fornecer consistentemente conteúdo relevante, as empresas podem nutrir relacionamentos ao longo do tempo. Isso é crucial para as vendas no B2B, onde os ciclos podem ser mais longos e a confiança é fundamental.

Exemplo Prático:

Uma empresa que oferece soluções de automação industrial pode criar conteúdo como whitepapers sobre como otimizar processos de produção, vídeos tutoriais sobre a configuração de suas soluções e webinars discutindo tendências da indústria. Esse conteúdo oferece conhecimento valioso e ajuda a construir uma relação de confiança com os clientes em potencial.

A criação de conteúdo relevante no marketing B2B é uma estratégia essencial para educar, engajar e construir relacionamentos com empresas-alvo. O conteúdo personalizado que aborda necessidades específicas demonstra o comprometimento da empresa em resolver problemas e oferecer soluções eficazes, estabelecendo uma base sólida para o sucesso nos negócios.

2.4 Marketing de influência no B2B

O marketing de influência, tradicionalmente associado ao mercado B2C, também tem desempenhado um papel crescente e valioso no contexto Business-to-Business (B2B). Trata-se de uma estratégia onde as empresas colaboram com líderes de opinião, especialistas da indústria e outros profissionais influentes para promover seus produtos ou serviços para empresas-alvo. Aqui estão os pontos chave sobre o marketing de influência no contexto B2B:

Impacto da Colaboração com Especialistas:

A parceria com líderes de opinião e especialistas da indústria no B2B pode ter um impacto significativo na percepção e confiança das empresas-alvo. Esses especialistas são vistos como fontes confiáveis de informações e conhecimentos. Quando eles endossam ou recomendam produtos ou serviços B2B, isso pode validar a qualidade e relevância dessas ofertas aos olhos dos potenciais clientes.

A Construção de Relações de Confiança:

No B2B, onde as decisões de compra tendem a ser mais complexas e baseadas em confiança, a colaboração com influenciadores pode ajudar as empresas a construir relacionamentos sólidos e duradouros. O endosso de um especialista reconhecido pode facilitar a tomada de decisão das empresas compradoras.

Acesso a Audiências Segmentadas:

Influenciadores da indústria têm seguidores e públicos específicos. Colaborar com eles permite que as empresas B2B alcancem diretamente as audiências que são mais relevantes para seus produtos ou serviços, garantindo que suas mensagens cheguem às pessoas certas.

Diferenças entre Marketing de Influência B2B e B2C:

1. Tom e Conteúdo: No B2B, o conteúdo é mais focado em informações detalhadas e soluções práticas, pois as empresas compradoras estão interessadas em benefícios claros para seus negócios. No B2C, o conteúdo pode ser mais emocional e baseado em experiências.

2. Relações de Longo Prazo: No B2B, as parcerias de influência muitas vezes são de longo prazo. O desenvolvimento de relacionamentos duradouros é crucial para a construção de confiança e credibilidade.

3. Segmentação Precisa: As audiências B2B são mais segmentadas, então os influenciadores escolhidos precisam ser relevantes para setores específicos ou nichos da indústria.

4. Enfoque em Soluções: No B2B, o foco está nas soluções que os produtos ou serviços podem oferecer para melhorar os negócios das empresas compradoras, enquanto no B2C, a ênfase pode estar mais na conveniência ou no estilo de vida.

Exemplo Prático:

Uma empresa que oferece soluções de software para gerenciamento de cadeia de suprimentos B2B pode colaborar com um influenciador reconhecido na área de logística e operações. Esse influenciador pode compartilhar insights sobre os benefícios do software para otimizar processos e melhorar a eficiência da cadeia de suprimentos.

O marketing de influência no B2B envolve a colaboração estratégica com especialistas da indústria para promover produtos e serviços para empresas-alvo. Essa estratégia pode reforçar a confiança, construir relacionamentos e proporcionar acesso a audiências altamente segmentadas, enquanto atendendo às necessidades específicas do mercado B2B.

2.5 Mensuração de resultados em campanhas B2B

A mensuração de resultados em campanhas de marketing Business-to-Business (B2B) é essencial para avaliar o sucesso das estratégias implementadas e tomar decisões informadas para otimização. As campanhas B2B frequentemente têm objetivos específicos, como geração de leads qualificados e retorno sobre investimento (ROI), e os indicadores-chave de desempenho (KPIs) são essenciais para medir o progresso em direção a esses objetivos. Aqui estão os principais pontos que destacam a importância da mensuração de resultados em campanhas B2B:
Avaliação do Desempenho Real:
A mensuração permite que as empresas compreendam o impacto real de suas campanhas. Ao acompanhar métricas específicas, é possível determinar se as metas estão sendo alcançadas e se as estratégias estão funcionando conforme o planejado.
Foco nos Objetivos B2B:
Os KPIs específicos para B2B, como geração de leads qualificados, conversões, vendas fechadas e ROI, ajudam a medir o sucesso das campanhas em termos de resultados tangíveis que impulsionam o crescimento do negócio.
Otimização Contínua:
A análise de métricas fornece insights valiosos sobre o que está funcionando e o que precisa ser ajustado. Ao identificar as áreas de sucesso e as que precisam de melhoria, as empresas podem otimizar suas estratégias para obter resultados melhores ao longo do tempo.
Ajustes Baseados em Dados:
Em vez de tomar decisões baseadas em intuição, a mensuração de resultados permite que as empresas tomem decisões informadas com base em dados concretos. Isso reduz o risco de investir recursos em estratégias que não estão produzindo resultados positivos.
Identificação de Insights:

A análise de métricas pode revelar insights valiosos sobre o comportamento do público-alvo, o desempenho de diferentes canais de marketing e as preferências dos clientes. Isso informa decisões futuras e ajuda a refinar as abordagens de marketing.
Justificação do Investimento:
Ao mensurar resultados, as empresas podem demonstrar o impacto do marketing no crescimento do negócio. Isso é especialmente importante para as equipes de gestão e para a alocação de recursos em futuras campanhas.
Exemplo Prático:
Imagine uma empresa de software B2B que lança uma campanha de e-mail marketing para promover sua nova solução de gestão financeira. Os KPIs incluiriam a taxa de abertura dos e-mails, a taxa de cliques nos links para a página de destino, o número de formulários preenchidos pelos visitantes interessados e a taxa de conversão de leads em clientes pagantes. Esses indicadores ajudariam a empresa a avaliar o sucesso da campanha e a identificar áreas para melhoria.
A mensuração de resultados em campanhas B2B é fundamental para avaliar o desempenho, medir o progresso em direção aos objetivos e otimizar as estratégias. Os KPIs específicos para B2B permitem que as empresas tomem decisões informadas com base em dados concretos, melhorando continuamente o retorno sobre o investimento e impulsionando o sucesso das campanhas.

Capítulo 3: Vendas e Negociações B2B

3.1 Ciclo de vendas no ambiente B2B

O ciclo de vendas no contexto Business-to-Business (B2B) refere-se ao processo que as empresas percorrem desde a identificação de um cliente em potencial até o fechamento efetivo do negócio. Diferente do ambiente Business-to-Consumer (B2C), o ciclo de vendas B2B é geralmente mais longo e complexo devido à natureza das transações entre empresas, que envolvem decisões mais ponderadas e complexas. Aqui estão as etapas típicas do ciclo de vendas B2B:

1. Prospecção:
Nesta fase, as empresas identificam e qualificam leads potenciais que se encaixam no perfil de cliente ideal. Isso pode envolver pesquisa de mercado, análise de dados e contato inicial com empresas que demonstraram interesse.
2. Qualificação:
Após identificar leads potenciais, as empresas os avaliam para determinar se realmente possuem um problema ou necessidade que sua solução pode resolver. A qualificação ajuda a focar os esforços nas empresas mais propensas a se beneficiar da oferta.
3. Abordagem e Contato Inicial:
Nesta etapa, as empresas entram em contato com os leads qualificados, geralmente por meio de e-mails, ligações telefônicas ou reuniões presenciais. O objetivo é estabelecer um relacionamento inicial, entender melhor as necessidades da empresa e apresentar a solução.
4. Apresentação e Proposta:
Uma vez que o interesse é confirmado, as empresas fazem uma apresentação detalhada de sua solução, destacando como ela atenderá às necessidades específicas da empresa compradora. Isso pode envolver demonstrações de produtos, exemplos de casos de uso e elaboração de propostas personalizadas.
5. Negociação:
Nesta fase, ocorrem negociações sobre os detalhes do contrato, preço, termos e condições. As negociações B2B podem ser complexas devido à natureza personalizada das soluções e à necessidade de alinhar expectativas entre as partes.
6. Tomada de Decisão:
No ciclo de vendas B2B, várias partes interessadas e tomadores de decisão estão envolvidos. A tomada de decisão é um processo colaborativo, muitas vezes envolvendo diferentes departamentos e níveis hierárquicos da organização.
7. Fechamento do Negócio:
Uma vez que os termos são acordados e todas as partes concordam, o negócio é fechado e o contrato é assinado. No B2B, esse processo pode levar mais tempo devido às considerações mais complexas.
8. Implementação e Pós-Venda:
Após o fechamento do negócio, as empresas precisam implementar a solução e oferecer suporte contínuo. A fase pós-

venda é crucial para garantir a satisfação do cliente e construir um relacionamento a longo prazo.

O ciclo de vendas B2B é caracterizado por suas várias etapas, cada uma delas com sua própria complexidade e desafios. A natureza mais ponderada das decisões B2B, as negociações detalhadas e as várias partes envolvidas contribuem para um ciclo de vendas mais longo e voltado para a construção de relacionamentos de longo prazo.

3.2 Abordagens de vendas consultivas

As abordagens de vendas consultivas desempenham um papel crucial no contexto Business-to-Business (B2B) ao permitir que as empresas construam relacionamentos sólidos e duradouros com seus clientes, baseados em compreensão profunda das necessidades e na oferta de soluções personalizadas. Ao adotar uma abordagem consultiva, as empresas se posicionam como parceiros de confiança, focados em fornecer valor real e resolver problemas específicos das empresas-clientes. Aqui estão os principais pontos que destacam as abordagens de vendas consultivas no B2B:

Entendimento das Necessidades do Cliente:

A abordagem consultiva começa com a exploração das necessidades e desafios da empresa-cliente. Isso envolve fazer perguntas detalhadas, ouvir atentamente e entender a situação atual da empresa para identificar oportunidades de melhoria.

Foco nas Soluções:

Uma vez que as necessidades do cliente são entendidas, as empresas consultivas se concentram em oferecer soluções sob medida. Isso pode envolver adaptar produtos ou serviços existentes, criar soluções personalizadas ou combinar diferentes ofertas para atender às necessidades específicas do cliente.

Comunicação de Valor:

Ao invés de simplesmente apresentar produtos, a abordagem consultiva destaca como a solução proposta agrega valor à empresa-cliente. Isso envolve comunicar como a solução resolverá problemas, melhorará a eficiência, economizará recursos ou impulsionará o crescimento.

Construção de Confiança:

A abordagem consultiva se baseia na construção de confiança e relacionamentos sólidos. Ao demonstrar um compromisso genuíno com os interesses do cliente e ao oferecer orientação valiosa, as empresas consultivas estabelecem uma base sólida para a colaboração contínua.

Parceria de Longo Prazo:

O objetivo das vendas consultivas não é apenas fechar um negócio único, mas estabelecer uma parceria de longo prazo. Isso envolve a disposição de acompanhar a implementação da solução, oferecer suporte contínuo e ajustar as ofertas conforme as necessidades evoluem.

Posicionamento como Especialista:

As abordagens de vendas consultivas envolvem posicionamento como especialistas na área em que a empresa opera. Isso é alcançado ao fornecer insights, compartilhar conhecimentos relevantes e oferecer orientação embasada.

Exemplo Prático:

Imagine uma empresa de consultoria de TI que adota uma abordagem consultiva. Em vez de apenas vender soluções de software, ela se concentra em entender os desafios específicos que uma empresa enfrenta. Com base nesse entendimento, ela recomenda uma combinação personalizada de software, treinamento e suporte técnico para atender às necessidades únicas do cliente.

As abordagens de vendas consultivas no B2B são essenciais para a construção de relacionamentos de confiança e para a oferta de soluções que agregam valor real às empresas-clientes. Ao entender profundamente as necessidades do cliente e propor soluções personalizadas, as empresas consultivas se destacam como parceiros valiosos e contribuem para o sucesso a longo prazo de seus clientes.

3.3 Construção de relacionamentos de longo prazo

A construção de relacionamentos de longo prazo desempenha um papel fundamental no ambiente Business-to-Business (B2B), permitindo que as empresas estabeleçam parcerias duradouras e mutuamente benéficas. No B2B, onde as transações geralmente são mais complexas e envolvem decisões ponderadas, a confiança e a credibilidade são vitais para a construção de relacionamentos sólidos. Aqui estão os principais pontos que destacam a importância da construção de relacionamentos de longo prazo no B2B:

Confiança e Credibilidade:

Relacionamentos de longo prazo são baseados em confiança mútua e credibilidade. As empresas compradoras precisam confiar que os fornecedores cumprirão suas promessas e entregarão produtos e serviços de alta qualidade de maneira consistente.

Redução do Risco Percebido:

No B2B, as transações muitas vezes envolvem riscos financeiros e operacionais significativos. Relacionamentos de longo prazo ajudam a reduzir o risco percebido, pois as empresas têm uma história comprovada de sucesso trabalhando juntas.

Compreensão Profunda:

Quanto mais longo o relacionamento, maior a compreensão que as empresas têm uma da outra. Isso permite que as soluções sejam mais personalizadas, as comunicações mais eficazes e as decisões mais alinhadas com as metas e valores de ambas as partes.

Parcerias Estratégicas:

Relacionamentos de longo prazo frequentemente evoluem para parcerias estratégicas, onde as empresas não são apenas fornecedoras e compradoras, mas colaboradoras que buscam o crescimento mútuo. Essas parcerias podem resultar em inovação conjunta, desenvolvimento de novos produtos e oportunidades de expansão.

Redução de Custos de Aquisição:

Aquisição de novos clientes é geralmente mais cara do que manter clientes existentes. A construção de relacionamentos de longo prazo permite que as empresas economizem recursos, pois não precisam investir tanto em conquistar novos clientes.

Recomendações e Referências:

Clientes satisfeitos em relacionamentos de longo prazo são mais propensos a fazer recomendações e fornecer referências positivas para outras empresas. Isso pode gerar novos negócios e expandir a rede de contatos.

Crescimento Sustentável:

A manutenção de relacionamentos de longo prazo contribui para o crescimento sustentável das empresas. Clientes satisfeitos tendem a fazer compras recorrentes, além de serem mais abertos a experimentar novos produtos ou serviços lançados pelas empresas.

Exemplo Prático:

Uma empresa de tecnologia que fornece serviços de consultoria em TI pode construir relacionamentos de longo prazo com seus clientes, auxiliando-os na implementação de soluções e fornecendo suporte contínuo ao longo dos anos. Essa abordagem não apenas contribui para a satisfação do cliente, mas também cria oportunidades para projetos futuros e recomendações.

A construção de relacionamentos de longo prazo no B2B é crucial para estabelecer parcerias sólidas, confiáveis e mutuamente benéficas. A confiança e a credibilidade cultivadas nesses relacionamentos são fundamentais para o crescimento sustentável das empresas, permitindo a colaboração, a inovação e a expansão contínua.

3.4 Táticas de negociação eficazes no B2B

As táticas de negociação eficazes no contexto Business-to-Business (B2B) são essenciais para alcançar acordos mutuamente benéficos e construir relacionamentos sólidos com os clientes. A natureza complexa das transações B2B exige abordagens estratégicas que vão além de simplesmente fechar negócios. Aqui estão as principais táticas de negociação eficazes no B2B:

Criação de Valor Mútuo:

Ao invés de focar apenas no preço, as negociações B2B devem se concentrar na criação de valor mútuo. Isso envolve identificar oportunidades para ambas as partes obterem benefícios adicionais além do produto ou serviço em questão. Ao encontrar maneiras de atender às necessidades e metas de ambas as partes, a negociação se torna mais vantajosa.

Identificação de Pontos de Alavancagem:

Entender os pontos de alavancagem é crucial para direcionar as negociações de forma eficaz. Isso envolve identificar os aspectos que são mais importantes para a outra parte e usar esses pontos como base para as negociações. Pontos de alavancagem podem incluir prazos apertados, requisitos exclusivos ou vantagens competitivas.

Negociação Baseada em Soluções:

Uma abordagem eficaz é a negociação baseada em soluções, onde ambas as partes trabalham juntas para resolver problemas ou superar desafios. Em vez de ver a negociação como

uma disputa de posições, essa abordagem procura encontrar formas criativas de atender às necessidades de ambas as partes.
Compreensão Profunda das Necessidades do Cliente:

Uma negociação bem-sucedida começa com uma compreensão profunda das necessidades, metas e desafios do cliente. Quanto mais a empresa vendedora entender as necessidades específicas da empresa compradora, mais eficaz será a negociação em oferecer soluções sob medida.
Foco nos Benefícios, Não nas Características:

Ao comunicar o valor de sua oferta, é importante destacar os benefícios que ela proporcionará à empresa compradora. Isso envolve vincular sua oferta às metas e objetivos da empresa compradora, em vez de apenas listar as características do produto ou serviço.
Preparação e Pesquisa:

Uma negociação eficaz exige preparação e pesquisa cuidadosas. Isso inclui conhecer bem a empresa compradora, seus concorrentes, o setor em que atuam e suas principais preocupações e desafios.
Escuta Ativa:

Durante as negociações, a escuta ativa é essencial. Isso envolve ouvir atentamente o que a outra parte está dizendo, compreender suas preocupações e responder de maneira apropriada. A escuta ativa demonstra respeito e ajuda a identificar oportunidades para chegar a um acordo satisfatório.
Exemplo Prático:

Imagine uma empresa que vende equipamentos de automação industrial. Durante as negociações com uma empresa de manufatura, ela descobre que o cliente está buscando reduzir custos operacionais e aumentar a eficiência. A empresa vendedora pode adaptar sua proposta para destacar como seus equipamentos ajudarão a alcançar esses objetivos, criando valor mútuo.

As táticas de negociação eficazes no B2B envolvem a criação de valor mútuo, a identificação de pontos de alavancagem e a negociação baseada em soluções. A compreensão profunda das necessidades do cliente, a preparação cuidadosa e a abordagem colaborativa são fundamentais para garantir que as negociações sejam bem-sucedidas e conduzam a acordos vantajosos para ambas as partes.

3.5 Gestão pós-venda e fidelização de clientes

A gestão pós-venda desempenha um papel crucial no ambiente Business-to-Business (B2B), permitindo que as empresas mantenham a satisfação do cliente, construam relacionamentos sólidos e alcancem o sucesso a longo prazo. No B2B, onde as transações são frequentemente mais complexas e as soluções têm um impacto significativo nos negócios dos clientes, o suporte contínuo após a venda é essencial para garantir que as expectativas sejam atendidas e que as parcerias sejam mantidas. Aqui estão os principais pontos que destacam a importância da gestão pós-venda e da fidelização de clientes no B2B:

Manutenção da Satisfação do Cliente:

A gestão pós-venda envolve a continuação do relacionamento com o cliente após a venda inicial. Isso inclui fornecer suporte técnico, treinamento, assistência e resolução de problemas. O suporte contínuo contribui para a satisfação do cliente, pois demonstra um compromisso de longo prazo em garantir que a solução funcione conforme o esperado.

Maximização do Valor da Solução:

Através da gestão pós-venda, as empresas podem ajudar os clientes a aproveitar ao máximo sua solução. Isso envolve oferecer treinamento para garantir que os usuários estejam usando todos os recursos de maneira eficaz e fornecer orientações sobre como otimizar os resultados alcançados com a solução.

Construção de Relacionamentos Duradouros:

O suporte contínuo após a venda ajuda a construir relacionamentos duradouros. As empresas que demonstram um interesse genuíno em ajudar seus clientes a ter sucesso fortalecem os laços e constroem confiança ao longo do tempo.

Redução de Churn (Taxa de Cancelamento):

A gestão pós-venda desempenha um papel importante na redução da taxa de cancelamento. Clientes satisfeitos e bem atendidos têm menos probabilidade de buscar alternativas e mais probabilidade de continuar comprando e usando os produtos ou serviços da empresa.

Contribuição para Receita Recorrente:

A fidelização de clientes no B2B contribui para a receita recorrente. Clientes satisfeitos e fiéis tendem a renovar contratos, fazer compras adicionais e até mesmo recomendar a empresa a outros potenciais clientes.

Referências e Recomendações:

Clientes satisfeitos são mais propensos a fazer recomendações e fornecer referências positivas para outras empresas. Isso pode gerar novos negócios e expandir a base de clientes.

Feedback Valioso:

O suporte contínuo pós-venda permite que as empresas obtenham feedback valioso dos clientes sobre o desempenho de seus produtos ou serviços. Isso ajuda a identificar áreas para melhoria e aprimoramento, permitindo a evolução contínua das ofertas.

Exemplo Prático:

Uma empresa que vende software de gestão de projetos B2B oferece treinamento inicial para seus clientes após a venda. Além disso, ela fornece suporte técnico contínuo e atualizações regulares para garantir que o software esteja sempre atendendo às necessidades em evolução do cliente. Essa abordagem ajuda a empresa a manter a satisfação do cliente e a construir um relacionamento a longo prazo.

A gestão pós-venda é fundamental para a satisfação do cliente e o sucesso a longo prazo no B2B. O suporte contínuo após a venda, a construção de relacionamentos duradouros e a fidelização dos clientes contribuem para a receita recorrente, a redução do churn e o crescimento sustentável das empresas.

Capítulo 4: Plataformas e Tecnologias B2B

4.1 Plataformas de e-commerce B2B

As plataformas de e-commerce B2B são sistemas online projetados especificamente para facilitar as transações entre empresas no ambiente Business-to-Business (B2B). Essas plataformas desempenham um papel crucial na simplificação e automação do processo de compra e venda entre empresas, proporcionando uma experiência eficiente e personalizada. Aqui

estão os principais pontos que destacam as plataformas de e-commerce B2B e suas diferenças em relação ao B2C:
Facilitação de Transações B2B:

As plataformas de e-commerce B2B são projetadas para atender às necessidades específicas das empresas, como a realização de compras em grande volume, a negociação de preços personalizados e a gestão de pedidos complexos. Elas oferecem uma maneira eficaz de conectar fornecedores e compradores, agilizando o processo de aquisição de produtos ou serviços.
Catálogos Personalizados:

Diferentemente das plataformas de e-commerce B2C, que geralmente têm um catálogo único para todos os consumidores, as plataformas B2B oferecem catálogos personalizados. Isso permite que os fornecedores exibam produtos específicos para diferentes clientes, levando em consideração acordos comerciais, histórico de compras e preferências individuais.
Cotações e Preços Personalizados:

As plataformas B2B muitas vezes incluem recursos de cotação e preços personalizados. Os compradores podem solicitar cotações para grandes volumes de produtos ou para produtos customizados, e os fornecedores podem responder com preços adaptados às necessidades específicas.
Pedidos em Grande Volume:

No ambiente B2B, as transações muitas vezes envolvem pedidos em grande volume. As plataformas de e-commerce B2B são projetadas para lidar com esses pedidos, permitindo que os compradores adicionem múltiplos itens a seus carrinhos de compra e concluam transações que envolvem quantidades maiores.
Gestão de Contas Empresariais:

As plataformas de e-commerce B2B geralmente permitem a criação de contas de clientes empresariais, onde os usuários podem ter diferentes níveis de acesso e autorização. Isso é útil para empresas que precisam gerenciar várias pessoas dentro de sua organização que podem realizar compras.
Integração com Sistemas Internos:

Devido à natureza complexa das operações B2B, as plataformas de e-commerce B2B podem ser integradas com sistemas internos das empresas, como sistemas de gestão de estoque, sistemas de gestão de relacionamento com o cliente (CRM) e sistemas de gestão de pedidos.
Foco em Relacionamentos:

As plataformas B2B muitas vezes enfatizam a construção de relacionamentos a longo prazo. Elas podem oferecer recursos de rastreamento de histórico de compras, recomendações personalizadas e comunicações direcionadas para melhorar o atendimento ao cliente.

Exemplo Prático:

Uma plataforma de e-commerce B2B para fornecimento de materiais de escritório permite que uma empresa compre produtos como papel, canetas e suprimentos de escritório em grande volume. Os preços são personalizados com base na quantidade comprada, e os recursos de cotação permitem que a empresa negocie termos específicos antes de fazer uma compra.

As plataformas de e-commerce B2B desempenham um papel essencial na facilitação de transações entre empresas, oferecendo recursos personalizados para atender às complexidades do ambiente B2B. Ao permitir catálogos personalizados, cotações, pedidos em grande volume e integração com sistemas internos, essas plataformas melhoram a eficiência e a eficácia das transações B2B.

4.2 Integração de sistemas e automação

A integração de sistemas e a automação desempenham um papel fundamental no ambiente Business-to-Business (B2B), proporcionando vantagens significativas às empresas ao agilizar processos, evitar retrabalho e melhorar a eficiência operacional. No cenário B2B, onde as transações são frequentemente complexas e envolvem múltiplos parceiros comerciais, a capacidade de integrar sistemas e automatizar tarefas é essencial para garantir operações suaves e eficientes. Aqui estão os principais pontos que destacam a importância da integração de sistemas e automação no B2B:

Agilização de Processos:

A integração de sistemas permite a troca rápida e precisa de informações entre diferentes partes do processo de negócios. Isso elimina a necessidade de entrada manual de dados e reduz a dependência de comunicações lentas e propensas a erros. Como resultado, os processos são executados de maneira mais eficiente e com menos atrasos.

Evitar Retrabalho:

A integração de sistemas reduz o risco de retrabalho, pois os dados são compartilhados automaticamente entre os sistemas relevantes. Isso elimina a necessidade de inserir repetidamente os mesmos dados em vários sistemas e reduz a probabilidade de erros humanos decorrentes de digitação manual.

Melhoria da Eficiência Operacional:

A automação de tarefas rotineiras e a integração de processos permitem que as empresas aumentem sua eficiência operacional. Tarefas como processamento de pedidos, faturamento, gestão de estoque e acompanhamento de entregas podem ser automatizadas, liberando recursos para atividades mais estratégicas.

Fluxo de Informações em Tempo Real:

A integração de sistemas permite que as informações fluam em tempo real entre as partes envolvidas em uma transação B2B. Isso proporciona visibilidade em tempo real sobre o status dos pedidos, estoques, pagamentos e outras atividades críticas, permitindo uma tomada de decisão mais informada.

Redução de Erros:

A automação e integração reduzem significativamente os erros humanos, que podem ocorrer ao inserir manualmente dados em diferentes sistemas. Isso resulta em maior precisão nos processos e menos necessidade de correções posteriores.

Melhoria da Experiência do Cliente:

A integração de sistemas pode levar a uma melhoria da experiência do cliente, uma vez que os clientes podem receber atualizações em tempo real sobre seus pedidos e terem visibilidade completa sobre seus históricos de compra e transações.

Gestão Eficiente de Parceiros Comerciais:

A integração de sistemas facilita a comunicação e colaboração com parceiros comerciais, como fornecedores e distribuidores. Isso leva a uma gestão mais eficiente da cadeia de suprimentos e a uma coordenação mais suave das operações.

Exemplo Prático:

Uma empresa de manufatura que integra seu sistema de gerenciamento de estoque com o sistema de gestão de pedidos de um distribuidor pode automatizar o processo de reposição de estoque. Quando os níveis de estoque atingem um limite mínimo, um pedido é automaticamente gerado e enviado ao distribuidor, agilizando o reabastecimento e evitando a escassez de produtos.

A integração de sistemas e a automação desempenham um papel crítico no ambiente B2B, permitindo que as empresas alcancem maior eficiência, precisão e agilidade em suas operações. Ao evitar retrabalho, melhorar a eficiência operacional e promover o fluxo de informações em tempo real, as empresas podem aumentar sua competitividade e proporcionar uma experiência mais satisfatória para seus parceiros comerciais e clientes.

4.3 Tecnologias para otimização da cadeia de suprimentos

A otimização da cadeia de suprimentos no ambiente Business-to-Business (B2B) é fundamental para garantir a eficiência, reduzir custos e melhorar a satisfação do cliente. O uso de tecnologias avançadas desempenha um papel crucial nesse processo, permitindo que as empresas gerenciem melhor os fluxos de produtos, informações e dinheiro ao longo da cadeia de suprimentos. Aqui estão as principais tecnologias utilizadas para otimizar a cadeia de suprimentos no B2B:
Sistemas de Rastreamento:
Os sistemas de rastreamento permitem o monitoramento em tempo real de produtos e ativos ao longo de toda a cadeia de suprimentos. Isso oferece visibilidade sobre a localização, condição e movimento dos produtos, permitindo uma gestão mais precisa dos estoques, reduzindo a possibilidade de perdas e atrasos e melhorando a tomada de decisões.
Análise de Dados:
A análise de dados é essencial para identificar padrões, tendências e insights ao longo da cadeia de suprimentos. Ao coletar e analisar dados de diversos pontos da cadeia, as empresas podem identificar oportunidades de otimização, identificar gargalos, prever demandas e melhorar a alocação de recursos.
Previsão de Demanda:
A previsão de demanda é uma tecnologia que utiliza análise de dados e modelos estatísticos para estimar a demanda futura de produtos. Isso ajuda as empresas a ajustar seus estoques, planejar a produção e otimizar as operações logísticas de acordo com as variações sazonais e tendências de mercado.
Tecnologia RFID (Identificação por Radiofrequência):
A tecnologia RFID permite que os produtos sejam identificados e rastreados automaticamente por meio de etiquetas que emitem sinais de radiofrequência. Isso agiliza a contagem de

estoque, melhora a precisão e a velocidade do rastreamento e permite uma melhor gestão de inventário.

Automação de Processos:

A automação de processos envolve a utilização de sistemas e tecnologias para executar tarefas repetitivas de forma automática. Isso pode incluir a automatização de pedidos, faturamento, gestão de estoque e até mesmo processos de fabricação. A automação reduz a dependência de intervenção manual e aumenta a eficiência.

Tecnologia Blockchain:

O blockchain é uma tecnologia que oferece uma forma segura e transparente de registrar transações ao longo da cadeia de suprimentos. Ele pode ser usado para rastrear a origem e autenticidade dos produtos, garantir a integridade dos dados e reduzir o risco de fraudes.

Sistemas de Gestão da Cadeia de Suprimentos (SCM):

Os sistemas de gestão da cadeia de suprimentos são plataformas que permitem a integração e coordenação de todas as atividades da cadeia, desde aquisição de matéria-prima até entrega ao cliente final. Esses sistemas auxiliam na tomada de decisões informadas e na otimização dos fluxos de produtos e informações.

Exemplo Prático:

Uma empresa que fabrica produtos eletrônicos utiliza análise de dados para prever a demanda com base em dados históricos de vendas e fatores sazonais. Essas previsões são usadas para otimizar a produção, garantir que os componentes estejam disponíveis no momento certo e evitar a falta de estoque durante picos de demanda.

As tecnologias de otimização da cadeia de suprimentos no B2B desempenham um papel essencial na melhoria da eficiência logística. Ao utilizar sistemas de rastreamento, análise de dados, previsão de demanda e outras ferramentas avançadas, as empresas podem tomar decisões mais informadas, reduzir custos e oferecer um serviço mais ágil e satisfatório aos seus parceiros comerciais e clientes.

4.4 Uso de CRM e ERP no ambiente B2B

O uso de sistemas CRM (Customer Relationship Management) e ERP (Enterprise Resource Planning) oferece uma série de benefícios significativos para as empresas no ambiente Business-to-Business (B2B), ajudando a melhorar a gestão de relacionamento com o cliente, a automação de processos e o suporte à tomada de decisões informadas. Essas ferramentas são vitais para empresas que desejam otimizar suas operações e fornecer um serviço excepcional aos seus parceiros comerciais. Aqui estão os principais pontos que destacam os benefícios do uso de CRM e ERP no ambiente B2B:

CRM (Customer Relationship Management):

1. Gestão de Relacionamento com o Cliente: O CRM permite que as empresas mantenham um registro detalhado de todas as interações com seus clientes. Isso inclui histórico de compras, preferências, reclamações e comunicações. Essa visibilidade ajuda a melhorar o atendimento ao cliente, personalizar as interações e construir relacionamentos mais fortes.

2. Automação de Vendas e Marketing: As ferramentas de automação de CRM permitem a automatização de tarefas de vendas e marketing, como envio de e-mails, acompanhamento de leads e agendamento de follow-ups. Isso agiliza processos, melhora a eficiência da equipe de vendas e aumenta as chances de conversão.

3. Visão 360 Graus do Cliente: O CRM oferece uma visão holística do cliente, reunindo dados de várias fontes. Isso ajuda a entender as necessidades e preferências do cliente, permitindo uma abordagem mais personalizada e direcionada.

4. Melhoria da Retenção de Clientes: Com uma gestão eficaz de relacionamento, as empresas podem identificar problemas e oportunidades para melhorar a satisfação do cliente. Isso, por sua vez, leva a uma maior retenção de clientes e possíveis vendas repetidas.

ERP (Enterprise Resource Planning):

1. Automação de Processos: Os sistemas ERP automatizam e integram processos internos, como gestão de estoque, faturamento, contabilidade e recursos humanos. Isso reduz erros manuais, elimina retrabalho e melhora a eficiência operacional.

2. Visão Integrada da Empresa: O ERP fornece uma visão unificada das operações da empresa, permitindo que os gestores tenham insights detalhados sobre diferentes áreas de negócios. Isso facilita a identificação de áreas de melhoria e tomada de decisões informadas.

3. Planejamento e Controle de Recursos: O ERP ajuda a otimizar a alocação de recursos, desde matérias-primas até força de trabalho.

Isso leva a um planejamento mais eficaz, redução de desperdícios e aumento da produtividade.

4. Suporte a Decisões Estratégicas: Com dados em tempo real disponíveis, o ERP oferece suporte à tomada de decisões estratégicas. Os gestores podem acessar informações-chave para avaliar o desempenho, identificar tendências e alinhar as estratégias de negócios.

Exemplo Prático:

Uma empresa de distribuição B2B utiliza um sistema ERP para gerenciar seus estoques, compras e logística. O sistema ajuda a otimizar os níveis de estoque, evita a escassez de produtos e melhora a eficiência da cadeia de suprimentos. Ao mesmo tempo, um sistema CRM é usado para rastrear e gerenciar os pedidos dos clientes, garantindo um atendimento rápido e personalizado.

O uso de sistemas CRM e ERP no ambiente B2B traz benefícios significativos, incluindo uma melhor gestão de relacionamento com o cliente, automação de processos internos e insights para tomada de decisões estratégicas. Essas ferramentas ajudam as empresas a se tornarem mais eficientes, competitivas e orientadas para o cliente em um cenário B2B cada vez mais complexo.

4.5 Segurança cibernética e proteção de dados no B2B

A segurança cibernética e a proteção de dados são questões críticas no ambiente Business-to-Business (B2B), onde as empresas compartilham informações sensíveis e confidenciais ao longo da cadeia de suprimentos. A crescente digitalização e interconexão entre as empresas aumentaram a exposição a riscos cibernéticos, tornando imperativa a adoção de medidas de segurança robustas. Aqui estão os principais pontos que destacam a importância da segurança cibernética e da proteção de dados no B2B:

Riscos de Vazamentos de Dados:

No B2B, as empresas compartilham informações confidenciais, como detalhes de negociações, acordos comerciais, informações financeiras e detalhes de clientes. A exposição desses dados a ameaças cibernéticas, como hackers e ataques de

phishing, pode resultar em vazamentos de dados prejudiciais à reputação e à confiança das empresas.
Impactos Financeiros e Legais:
Vazamentos de dados podem ter consequências financeiras significativas, incluindo multas regulatórias, processos judiciais, perda de receita e custos de recuperação. Além disso, as empresas podem ser responsabilizadas por não proteger adequadamente as informações de seus parceiros comerciais.
Interrupção das Operações:
Ataques cibernéticos bem-sucedidos podem interromper as operações das empresas, afetando a produção, a entrega de produtos e serviços, e prejudicando a continuidade dos negócios.
Confiabilidade e Confiança:
A segurança cibernética é essencial para estabelecer e manter a confiabilidade e a confiança entre parceiros comerciais. As empresas que demonstram um compromisso sólido com a proteção de dados têm maior probabilidade de serem escolhidas como parceiras.
Medidas de Segurança Robustas:
As empresas podem adotar várias medidas de segurança para proteger seus dados e os de seus parceiros:
1. Criptografia de Dados: A criptografia garante que os dados sejam transmitidos e armazenados de maneira segura, tornando-os inacessíveis para pessoas não autorizadas.
2. Acesso Restrito: A implementação de controles de acesso rigorosos garante que apenas pessoas autorizadas possam acessar informações confidenciais.
3. Monitoramento de Rede: Monitorar a rede em busca de atividades suspeitas pode ajudar a identificar ameaças cibernéticas antes que elas causem danos significativos.
4. Treinamento de Conscientização: Fornecer treinamento em segurança cibernética aos funcionários ajuda a evitar ameaças internas e a promover uma cultura de segurança.
5. Atualizações de Software: Manter sistemas e software atualizados com os patches de segurança mais recentes ajuda a mitigar vulnerabilidades conhecidas.
6. Backup de Dados: Fazer cópias de segurança regulares dos dados críticos garante a recuperação em caso de ataques de ransomware ou perda de dados.
Exemplo Prático:
Uma empresa de manufatura B2B implementa uma política de acesso restrito aos seus sistemas de gerenciamento de pedidos

e informações financeiras. Além disso, ela realiza treinamentos periódicos de conscientização em segurança cibernética para todos os funcionários, ensinando-os a identificar e evitar ameaças.

A segurança cibernética e a proteção de dados são fundamentais no ambiente B2B para proteger informações sensíveis, evitar vazamentos de dados e manter a confiança entre parceiros comerciais. Adotar medidas de segurança robustas é crucial para mitigar riscos, proteger a reputação da empresa e garantir a continuidade das operações.

Capítulo 5: Logística e Cadeia de Suprimentos B2B

5.1 Logística e distribuição no B2B

A logística e a distribuição desempenham um papel vital no ambiente Business-to-Business (B2B), onde a entrega eficiente de produtos entre empresas é crucial para garantir a satisfação do cliente, manter a competitividade e facilitar o funcionamento suave das operações. No B2B, a complexidade dos produtos, a escala das transações e a natureza interconectada da cadeia de suprimentos tornam a logística uma parte essencial do processo. Aqui estão os principais pontos que destacam a importância da logística e distribuição no B2B:
Entrega Eficiente de Produtos:
A entrega de produtos no B2B é frequentemente complexa, envolvendo produtos de diferentes tamanhos, pesos e características. Além disso, as empresas podem ter requisitos específicos de entrega, como horários agendados, entregas parciais e demandas variáveis.
Otimização de Rotas:
A otimização de rotas é essencial para reduzir custos e melhorar a eficiência da distribuição. Isso envolve o cálculo das rotas mais curtas e eficazes para entregar os produtos aos destinos, minimizando o tempo de trânsito e os custos operacionais.
Coordenação de Processos:

A logística no B2B exige uma coordenação cuidadosa entre diferentes partes da cadeia de suprimentos, incluindo fornecedores, transportadoras, armazéns e clientes. A comunicação eficaz e a colaboração são fundamentais para garantir que os produtos se movam de forma eficiente ao longo da cadeia.

Gestão de Estoque:

A logística no B2B também inclui a gestão de estoque, garantindo que os produtos estejam disponíveis quando necessários. Isso envolve prever a demanda, realizar reposições oportunas e evitar a escassez ou excesso de estoque.

Experiência do Cliente:

A entrega pontual e eficiente é crucial para a satisfação do cliente no B2B. Empresas que podem atender aos prazos de entrega e oferecer uma experiência de entrega sem problemas ganham a confiança e a fidelidade dos clientes.

Tecnologia na Logística:

Tecnologias avançadas, como sistemas de rastreamento em tempo real, análise de dados e automação, desempenham um papel importante na otimização da logística B2B. Essas ferramentas permitem monitorar o progresso das remessas, tomar decisões informadas com base em dados e automatizar tarefas repetitivas.

Exemplo Prático:

Uma empresa de distribuição de produtos eletrônicos B2B usa um sistema de rastreamento em tempo real para monitorar a localização e o status das remessas em trânsito. Isso permite que eles identifiquem rapidamente quaisquer atrasos ou problemas e comuniquem proativamente com os clientes sobre o status de suas entregas.

A logística e a distribuição são componentes críticos no ambiente B2B, onde a entrega eficiente de produtos entre empresas é fundamental. A otimização de rotas, a coordenação de processos e o uso de tecnologias avançadas ajudam a garantir a eficiência da distribuição e a satisfação do cliente, contribuindo para o sucesso geral das operações B2B.

5.2 Gerenciamento de estoques e demanda

O gerenciamento de estoques e demanda desempenha um papel crucial na cadeia de suprimentos Business-to-Business

(B2B), permitindo que as empresas equilibrem a disponibilidade de produtos para atender à demanda dos clientes, ao mesmo tempo em que evitam estoques excessivos ou faltas. Essa abordagem eficiente é essencial para garantir a continuidade das operações, reduzir custos e aumentar a satisfação do cliente. Aqui estão os principais pontos que destacam o papel do gerenciamento de estoques e demanda no ambiente B2B:

Otimização do Nível de Estoque:

O gerenciamento de estoques envolve determinar o nível ideal de inventário que uma empresa deve manter para atender à demanda. Isso requer um equilíbrio delicado para evitar situações em que o estoque seja muito baixo, levando a faltas de produtos, ou muito alto, resultando em custos adicionais de armazenamento.

Previsão de Demanda:

A previsão de demanda é um componente-chave do gerenciamento de estoques. Ela envolve a análise de dados históricos, tendências de mercado, sazonalidade e outros fatores para estimar a quantidade de produtos que serão necessários em um determinado período. Essas previsões ajudam as empresas a se prepararem adequadamente para atender à demanda futura.

Just-in-Time (JIT) e Estoque de Segurança:

No B2B, a abordagem Just-in-Time (JIT) é comum, onde as empresas procuram manter estoques mínimos, recebendo produtos quando são necessários para evitar excessos de estoque. No entanto, também é importante considerar um estoque de segurança para lidar com variações na demanda e possíveis atrasos na cadeia de suprimentos.

Uso de Tecnologia e Análise de Dados:

Tecnologias avançadas, como sistemas de gestão de estoque e análise de dados, desempenham um papel vital no gerenciamento eficaz de estoques e demanda. Essas ferramentas permitem monitorar o fluxo de produtos, identificar padrões de demanda, calcular os níveis ideais de estoque e ajustar as estratégias de acordo.

Colaboração com Fornecedores:

A colaboração com fornecedores é essencial para o gerenciamento eficaz de estoques e demanda. Comunicação transparente e compartilhamento de informações ajudam a alinhar as expectativas e evitar discrepâncias entre a oferta e a demanda.

Exemplo Prático:

Uma empresa de alimentos B2B que fornece ingredientes para restaurantes utiliza um sistema de gerenciamento de estoque conectado aos sistemas de seus clientes. Quando os níveis de estoque de um cliente atingem um ponto de reposição pré-definido, o sistema automaticamente gera um pedido de reabastecimento, garantindo que os ingredientes estejam disponíveis quando necessário.

O gerenciamento de estoques e demanda é essencial na cadeia de suprimentos B2B para equilibrar a oferta e a demanda de produtos. Através da previsão de demanda, uso de tecnologia e colaboração eficaz, as empresas podem evitar excessos e faltas de estoque, garantindo a continuidade das operações e a satisfação do cliente.

5.3 Estratégias de transporte e frete

As estratégias de transporte e frete desempenham um papel essencial na eficiência da cadeia de suprimentos Business-to-Business (B2B), permitindo que as empresas entreguem produtos de forma rápida, econômica e confiável aos seus parceiros comerciais. A escolha do modo de transporte adequado e a formação de parcerias sólidas com transportadoras são decisões estratégicas que afetam diretamente o sucesso das operações. Aqui estão os principais pontos que destacam as estratégias de transporte e frete no B2B:

Modos de Transporte:

Existem diversos modos de transporte disponíveis, como rodoviário, ferroviário, marítimo e aéreo. A escolha do modo de transporte depende de diversos fatores, como distância, velocidade requerida, natureza dos produtos, custos e requisitos de entrega. Por exemplo, produtos perecíveis podem exigir transporte aéreo para rápida entrega, enquanto mercadorias a granel podem ser mais adequadas para transporte marítimo.

Eficiência versus Custo:

A escolha do modo de transporte deve equilibrar eficiência e custo. O transporte aéreo é rápido, mas geralmente mais caro. O transporte marítimo é econômico, mas pode ser mais lento. Compreender as necessidades dos clientes e as demandas do mercado é crucial para encontrar o equilíbrio certo entre esses fatores.

Parcerias com Transportadoras:

As parcerias com transportadoras confiáveis e experientes são fundamentais para garantir entregas consistentes e pontuais. Escolher parceiros que atendam aos padrões de qualidade e ofereçam rastreamento em tempo real pode aumentar a confiabilidade da cadeia de suprimentos.

Logística Reversa:

No B2B, a logística reversa também é importante. Isso envolve o retorno de produtos não vendidos, peças defeituosas ou devoluções de clientes. Uma estratégia eficaz de logística reversa pode reduzir custos, minimizar o impacto ambiental e melhorar a satisfação do cliente.

Tecnologia e Rastreamento:

A tecnologia desempenha um papel crucial no monitoramento e rastreamento de remessas. Sistemas de rastreamento em tempo real permitem que as empresas e seus clientes acompanhem o status das entregas, identificando a localização e o tempo estimado de chegada.

Exemplo Prático:

Uma empresa de eletrônicos B2B opta por usar o transporte rodoviário para entregar seus produtos a varejistas em todo o país. Eles mantêm uma parceria com uma transportadora que oferece rastreamento em tempo real, permitindo que os varejistas acompanhem as entregas e planejem suas operações de acordo.

As estratégias de transporte e frete são vitais para a eficiência da cadeia de suprimentos B2B. A escolha adequada do modo de transporte, o estabelecimento de parcerias confiáveis e o uso de tecnologia para rastreamento são componentes essenciais para garantir entregas bem-sucedidas e a satisfação dos clientes ao longo da cadeia de suprimentos.

5.4 Parcerias na cadeia de suprimentos B2B

As parcerias na cadeia de suprimentos Business-to-Business (B2B) desempenham um papel crucial no sucesso das operações e na entrega de valor ao cliente. A colaboração eficaz entre fornecedores, distribuidores e outros stakeholders cria um ambiente em que as empresas podem aproveitar as sinergias, compartilhar recursos e otimizar processos para alcançar objetivos comuns. Aqui estão os principais pontos que destacam a importância das parcerias na cadeia de suprimentos B2B:

Compartilhamento de Conhecimento e Experiência:

Parceiros na cadeia de suprimentos trazem experiências e conhecimentos distintos para a mesa. A colaboração permite que as empresas aproveitem essa diversidade para resolver problemas, identificar oportunidades e aprender umas com as outras.

Eficiência Operacional:

A colaboração eficaz ajuda a otimizar os processos operacionais ao longo da cadeia de suprimentos. Por exemplo, compartilhar informações sobre demanda e planejamento de produção pode permitir a sincronização das atividades, evitando estoques excessivos ou faltas.

Resposta a Mudanças no Mercado:

As parcerias flexíveis na cadeia de suprimentos permitem que as empresas respondam rapidamente às mudanças no mercado. Seja em situações de aumento repentino na demanda ou alterações nas preferências dos clientes, as parcerias permitem uma adaptação ágil.

Inovação Conjunta:

Colaborar com parceiros pode levar a inovações conjuntas. Compartilhar ideias e perspectivas diferentes pode levar ao desenvolvimento de produtos aprimorados, processos mais eficientes e soluções criativas para desafios complexos.

Entrega de Valor ao Cliente:

A colaboração ao longo da cadeia de suprimentos permite a entrega de valor ao cliente final. Isso ocorre quando as empresas conseguem oferecer produtos de alta qualidade, preços competitivos e tempos de entrega confiáveis, criando uma experiência positiva para o cliente.

Gerenciamento de Riscos:

Parceiros na cadeia de suprimentos podem compartilhar responsabilidades e mitigar riscos. Se um fornecedor enfrenta um problema de produção, por exemplo, a colaboração pode ajudar a encontrar soluções alternativas para evitar a interrupção das operações.

Exemplo Prático:

Uma montadora de automóveis B2B colabora estreitamente com seus fornecedores de peças. Eles compartilham dados de previsão de demanda e programação de produção, permitindo que os fornecedores se preparem antecipadamente para atender às necessidades da montadora. Isso resulta em entregas pontuais, redução de custos e uma produção mais eficiente.

As parcerias na cadeia de suprimentos B2B são fundamentais para o sucesso das operações e a entrega de valor ao cliente. A colaboração entre fornecedores, distribuidores e outros stakeholders promove eficiência operacional, resiliência e inovação, permitindo que as empresas enfrentem os desafios do mercado de forma mais eficaz e ofereçam produtos e serviços de alta qualidade aos seus clientes.

5.5 Sustentabilidade e responsabilidade social na logística B2B

A sustentabilidade e a responsabilidade social estão desempenhando um papel cada vez mais importante na logística Business-to-Business (B2B), à medida que as empresas reconhecem a importância de minimizar seu impacto ambiental e contribuir positivamente para as comunidades em que operam. A logística, como parte integrante da cadeia de suprimentos, desempenha um papel fundamental na implementação dessas práticas sustentáveis. Aqui estão os principais pontos que destacam o papel da sustentabilidade e da responsabilidade social na logística B2B:

Redução de Emissões e Impacto Ambiental:

As empresas estão adotando práticas de logística que minimizam as emissões de carbono e reduzem o impacto ambiental. Isso pode incluir a otimização de rotas para reduzir a distância percorrida, o uso de veículos de baixa emissão e a busca por modalidades de transporte mais sustentáveis, como o transporte ferroviário e marítimo.

Eficiência Energética:

A busca por eficiência energética está impulsionando a adoção de veículos e equipamentos mais eficientes em termos de consumo de combustível. Além disso, empresas estão investindo em tecnologias de monitoramento e gestão de frota para reduzir o consumo de energia e otimizar o uso de recursos.

Embalagens Sustentáveis:

A escolha de embalagens sustentáveis é uma preocupação crescente na logística B2B. Empresas estão optando por embalagens recicláveis, reutilizáveis ou de baixo impacto ambiental para reduzir o desperdício e a poluição.

Práticas de Descarte Responsável:

Além de considerar a fase de transporte, as empresas estão se concentrando em práticas de descarte responsável. Isso envolve a gestão adequada de resíduos e materiais descartados, evitando a contaminação ambiental.

Responsabilidade Social na Cadeia de Suprimentos:

A responsabilidade social também se estende às práticas trabalhistas e à promoção do bem-estar nas operações logísticas. Empresas estão garantindo que os trabalhadores envolvidos na cadeia de suprimentos sejam tratados de forma justa e segura.

Transparência e Rastreabilidade:

Empresas estão adotando maior transparência na cadeia de suprimentos, rastreando a origem dos produtos e garantindo que fornecedores atendam a padrões éticos e sustentáveis.

Exemplo Prático:

Uma empresa de eletrônicos B2B escolhe utilizar embalagens feitas de materiais recicláveis e biodegradáveis para seus produtos. Além disso, eles contratam transportadoras que possuem frotas de veículos elétricos e estabelecem parcerias com fornecedores que adotam práticas éticas de trabalho.

A sustentabilidade e a responsabilidade social estão ganhando destaque na logística B2B, com empresas adotando práticas que minimizam o impacto ambiental e contribuem para o bem-estar das comunidades. Essas abordagens não apenas beneficiam o planeta e as pessoas, mas também podem resultar em operações mais eficientes e uma imagem positiva para as empresas ao longo da cadeia de suprimentos.

Capítulo 6: Precificação e Contratos B2B

6.1 Modelos de precificação no B2B

No contexto Business-to-Business (B2B), diversos modelos de precificação são utilizados para determinar o valor dos produtos ou serviços oferecidos. Cada modelo tem o objetivo de atender às necessidades das empresas de forma eficaz, considerando fatores como custos, valor percebido e dinâmica de mercado. Aqui estão os principais modelos de precificação no B2B:

Precificação Baseada em Custos:

Neste modelo, os preços são definidos com base nos custos de produção, distribuição e operacionais, acrescidos de uma margem de lucro. Esse modelo é mais simples de calcular e pode ser adequado para produtos ou serviços com custos bem definidos. No entanto, não leva em consideração fatores externos, como a demanda ou o valor percebido pelo cliente.

Precificação Baseada em Valor Percebido:

Nesse modelo, os preços são determinados com base no valor que os clientes percebem em relação ao produto ou serviço. As empresas buscam entender os problemas que seus clientes estão tentando resolver e atribuem um preço com base na economia ou benefício que o cliente receberá ao adquirir o produto. Isso permite que as empresas capturem uma parte do valor que geram para seus clientes.

Precificação Dinâmica:

A precificação dinâmica envolve ajustar os preços de acordo com a demanda e outros fatores em tempo real. Isso pode incluir preços mais altos em períodos de alta demanda ou preços mais baixos em períodos de baixa demanda. A tecnologia desempenha um papel importante nesse modelo, permitindo que as empresas monitorem e reajustem os preços de forma ágil.

Precificação por Camadas ou Segmentos:

Neste modelo, os produtos ou serviços são oferecidos em diferentes níveis ou segmentos com preços correspondentes. Cada nível pode oferecer diferentes recursos, funcionalidades ou níveis de suporte. Isso permite que as empresas atendam a diferentes segmentos de clientes com diferentes necessidades e orçamentos.

Precificação por Assinatura ou Acesso:

Esse modelo envolve o pagamento regular de uma taxa fixa para acessar um produto ou serviço por um determinado período. É comum em setores como software, onde os clientes pagam mensalmente ou anualmente para usar um serviço ou plataforma.

Precificação Negociada:

Em muitos cenários B2B, os preços são negociados diretamente entre o fornecedor e o cliente. Isso pode envolver acordos personalizados com base nas necessidades e volumes específicos do cliente.

Precificação com Base em Resultados:

Alguns modelos de precificação estão ligados diretamente aos resultados alcançados para o cliente. Isso pode envolver o pagamento com base em metas específicas ou desempenho alcançado, como em serviços de marketing digital.

Exemplo Prático:

Uma empresa de software B2B pode oferecer diferentes níveis de planos de assinatura com base na quantidade de recursos, suporte e funcionalidades avançadas. Os clientes podem escolher o plano que melhor atenda às suas necessidades e orçamento.

Em diferentes modelos de precificação são aplicados no contexto B2B, dependendo das características do produto, da dinâmica do mercado e das necessidades dos clientes. A escolha do modelo certo é essencial para garantir que a empresa capture o valor apropriado, seja competitiva no mercado e atenda às expectativas dos clientes empresariais.

6.2 Considerações na formação de preços

A formação de preços no ambiente Business-to-Business (B2B) é uma tarefa complexa que requer a consideração de diversos fatores para garantir que os preços sejam competitivos, alinhados com o valor percebido pelos clientes e sustentáveis para a empresa. Aqui estão as principais considerações essenciais na formação de preços no B2B:

1. Custos:

Os custos de produção, distribuição e operacionais são a base para muitas estratégias de precificação B2B. Os preços precisam cobrir esses custos e, idealmente, proporcionar margens de lucro que permitam à empresa continuar investindo e crescendo.

2. Concorrência:

Analisar a concorrência é crucial para entender como seus preços se comparam com os do mercado. Preços muito altos podem afastar os clientes, enquanto preços muito baixos podem prejudicar a lucratividade. É importante encontrar um equilíbrio que reflita a proposta de valor da sua empresa.

3. Valor Agregado:

O valor percebido pelo cliente é um elemento-chave na formação de preços no B2B. Os clientes estão dispostos a pagar mais por produtos ou serviços que oferecem um valor superior. É importante comunicar claramente o valor agregado que seu produto ou serviço oferece em relação às soluções concorrentes.

4. Estratégias de Mercado:

A estratégia de mercado desempenha um papel significativo na formação de preços. Uma abordagem de liderança em custos pode levar a preços mais baixos para atrair uma base ampla de clientes, enquanto uma estratégia de diferenciação pode justificar preços mais altos com base em características únicas e qualidade superior.

5. Elasticidade da Demanda:

A elasticidade da demanda mede a sensibilidade dos clientes às mudanças de preço. Se a demanda for elástica, uma pequena alteração nos preços pode levar a grandes mudanças na quantidade demandada. Compreender a elasticidade da demanda ajuda a determinar como ajustar os preços para otimizar a receita.

6. Cenário Econômico:

O ambiente econômico também desempenha um papel na formação de preços. Em períodos de crescimento econômico, as empresas podem estar mais dispostas a pagar preços mais altos por produtos e serviços. Em tempos de recessão, os preços podem precisar ser ajustados para se adequar à sensibilidade dos clientes ao preço.

7. Estrutura de Custos Fixos e Variáveis:

Compreender a proporção de custos fixos e variáveis em seus produtos ou serviços é importante. Se os custos fixos forem altos, pode ser necessário vender uma quantidade maior para cobrir esses custos. Por outro lado, preços baseados em custos variáveis podem permitir maior flexibilidade.

8. Estratégias de Lançamento e Ciclo de Vida do Produto:

Durante o ciclo de vida do produto, os preços podem ser ajustados conforme o produto amadurece ou novas versões são lançadas. Preços iniciais mais altos podem ser usados para recuperar investimentos iniciais, enquanto preços mais baixos podem ser adotados para ganhar participação de mercado.

Exemplo Prático:

Uma empresa B2B que oferece software de gestão decide adotar uma estratégia de precificação baseada em valor percebido. Eles identificam que suas soluções oferecem economia de tempo, eficiência operacional e aumento da produtividade para seus clientes. Eles definem seus preços de acordo com os benefícios tangíveis que os clientes obtêm ao usar o software.

A formação de preços no ambiente B2B requer uma abordagem estratégica que leve em consideração os custos, a concorrência, o valor agregado, as estratégias de mercado e outros fatores relevantes. Encontrar o equilíbrio certo entre esses elementos é fundamental para maximizar a receita, atender às necessidades dos clientes e manter a sustentabilidade financeira da empresa.

6.3 Negociação de contratos B2B

A negociação de contratos no contexto Business-to-Business (B2B) desempenha um papel fundamental na definição dos termos e condições das transações comerciais entre empresas. É um processo essencial para estabelecer acordos mutuamente benéficos, garantindo que ambas as partes compreendam e concordem com as expectativas, responsabilidades e benefícios envolvidos. Aqui estão os principais pontos sobre a importância da negociação de contratos B2B:
Estabelecimento de Termos Claros:
A negociação de contratos permite que as empresas estabeleçam termos claros e específicos para suas transações. Isso inclui detalhes como preço, quantidade, prazo de entrega, responsabilidades das partes, garantias, políticas de devolução e muito mais. Termos claros evitam mal-entendidos futuros.
Proteção de Interesses:
A negociação de contratos é uma oportunidade para as empresas protegerem seus interesses e mitigarem riscos. Ao discutir e acordar sobre aspectos como responsabilidades por danos, cláusulas de rescisão e limitações de responsabilidade, as partes podem evitar disputas e litígios no futuro.
Customização:
Cada contrato B2B pode ser customizado para atender às necessidades específicas das partes envolvidas. Isso inclui considerações como produtos ou serviços exclusivos, volumes de compra, prazos de pagamento e outros detalhes que variam de acordo com o negócio.
Etapas do Processo de Negociação:
O processo de negociação de contratos B2B geralmente inclui etapas como preparação, discussões iniciais, troca de propostas, contrapropostas, revisões legais, finalização e assinatura. Cada etapa envolve comunicação, troca de informações e tomada de decisões.
Estratégias de Negociação Eficazes:

Estratégias de negociação eficazes incluem identificar interesses comuns, ouvir atentamente as preocupações da outra parte, buscar soluções criativas, focar em resultados mutuamente benéficos e ser flexível em busca de um acordo equitativo.

Comunicação e Relacionamento:

A comunicação aberta e transparente é essencial na negociação de contratos B2B. A construção de um relacionamento de confiança ajuda a superar impasses, resolver diferenças e chegar a um acordo que atenda a ambas as partes.

Equilíbrio entre Competitividade e Colaboração:

Embora a negociação envolva buscar vantagens, o foco também deve ser na construção de um relacionamento de longo prazo. Buscar um equilíbrio entre competitividade e colaboração é importante para garantir que ambas as partes se beneficiem.

Exemplo Prático:

Uma fabricante de eletrônicos está negociando um contrato de fornecimento com um fornecedor de componentes. Durante as negociações, ambas as partes discutem preços, volumes, prazos de entrega e cláusulas de qualidade. Eles concordam em termos que refletem as necessidades de ambas as partes, estabelecendo uma base sólida para um relacionamento de negócios bem-sucedido.

A negociação de contratos no ambiente B2B é uma parte crítica do processo comercial, garantindo que as transações ocorram de forma transparente, justa e mutuamente benéfica. Através de uma comunicação eficaz, estratégias de negociação sólidas e um foco na construção de relacionamentos, as empresas podem estabelecer acordos que atendam a suas necessidades e sustentem o sucesso a longo prazo.

6.4 Elementos-chave em contratos B2B

Contratos B2B são documentos legais que estabelecem os termos e condições das transações comerciais entre empresas. Eles são essenciais para garantir a clareza, legalidade e proteção dos interesses de ambas as partes envolvidas. Aqui estão os elementos essenciais que devem estar presentes em contratos B2B:

1. Identificação das Partes:

O contrato deve conter as informações de identificação das empresas envolvidas, incluindo seus nomes, endereços e detalhes de contato.

2. Definição dos Produtos ou Serviços:

Uma descrição detalhada dos produtos ou serviços a serem fornecidos deve ser incluída, incluindo especificações técnicas, quantidades e características importantes.

3. Preços e Termos de Pagamento:

O contrato deve estabelecer os preços acordados para os produtos ou serviços, bem como os termos de pagamento, incluindo prazos e métodos de pagamento.

4. Prazos e Entrega:

É importante definir prazos claros para a entrega dos produtos ou a prestação dos serviços. Isso inclui datas de início, conclusão e eventuais marcos intermediários.

5. Obrigações das Partes:

O contrato deve detalhar as obrigações e responsabilidades de cada parte envolvida. Isso pode incluir responsabilidades de entrega, qualidade, suporte pós-venda e outros compromissos relevantes.

6. Cláusulas de Rescisão:

Cláusulas que tratam da rescisão do contrato são fundamentais para estabelecer as condições em que uma das partes pode encerrar o acordo. Isso pode incluir prazos de aviso prévio, condições de rescisão por inadimplência e outros detalhes.

7. Propriedade Intelectual e Direitos Autorais:

Se o contrato envolver a criação ou transferência de propriedade intelectual, é importante detalhar como os direitos autorais, patentes e outros ativos serão tratados.

8. Confidencialidade e Privacidade:

Cláusulas de confidencialidade são usadas para proteger informações sensíveis compartilhadas durante o curso da relação comercial. Isso inclui detalhes sobre como informações confidenciais serão tratadas e protegidas.

9. Limitações de Responsabilidade:

As partes podem estabelecer limitações sobre a responsabilidade de cada uma em caso de problemas ou falhas. Isso ajuda a proteger as empresas de reivindicações excessivas.

10. Lei Aplicável e Jurisdição:

O contrato deve estabelecer qual lei regerá o acordo e qual jurisdição será responsável por resolver eventuais disputas.

11. Cláusulas Gerais:

Além dos elementos específicos, contratos B2B também podem incluir cláusulas gerais, como cláusulas de força maior (que lidam com eventos imprevisíveis que impedem o cumprimento do contrato) e cláusulas de renúncia (que especificam que a falha em fazer cumprir um termo não implica renúncia a esse direito).
Exemplo Prático:
Uma empresa de manufatura está negociando um contrato B2B com um fornecedor de matérias-primas. O contrato inclui detalhes sobre os produtos a serem fornecidos, preços, prazos de entrega, responsabilidades de ambas as partes, cláusulas de rescisão em caso de não conformidade e acordos de confidencialidade para proteger informações sensíveis.

Os elementos essenciais presentes em contratos B2B são projetados para garantir a clareza, legalidade e proteção dos interesses de ambas as partes envolvidas em uma transação comercial. Ao definir termos, condições, obrigações e outros detalhes de forma precisa e abrangente, os contratos B2B estabelecem uma base sólida para relacionamentos comerciais bem-sucedidos.

6.5 Resolução de conflitos contratuais no B2B

A resolução de conflitos contratuais no ambiente Business-to-Business (B2B) é uma parte essencial para manter relações comerciais saudáveis e evitar disputas prolongadas. A natureza complexa das transações B2B pode levar a desentendimentos, mas existem abordagens eficazes para resolver esses conflitos de maneira eficiente e justa. Aqui estão os principais aspectos relacionados à resolução de conflitos contratuais no B2B:
Métodos Alternativos de Resolução:
1. Mediação: A mediação envolve a nomeação de um terceiro imparcial para ajudar as partes a chegarem a um acordo. O mediador facilita a comunicação, mas não impõe decisões. Esse método é menos formal e pode preservar o relacionamento entre as partes.
2. Arbitragem: A arbitragem é um processo mais formal em que as partes concordam em submeter a disputa a um árbitro ou painel de árbitros. A decisão do árbitro é vinculativa, semelhante a uma decisão judicial, e é frequentemente mais rápida e menos dispendiosa do que um litígio em tribunal.

Prevenção de Conflitos por Meio de Cláusulas Contratuais:
1. Cláusulas de Mediação e Arbitragem: As partes podem incluir cláusulas contratuais que estipulem que, em caso de disputa, elas se comprometem a tentar resolver a questão por meio de mediação ou arbitragem antes de recorrer a um processo judicial.
2. Cláusulas de Jurisdição e Lei Aplicável: Definir a jurisdição e a lei aplicável no contrato pode ajudar a evitar disputas sobre onde um litígio deve ser resolvido e qual lei será aplicada.
3. Cláusulas de Rescisão e Resolução de Disputas: Incluir cláusulas detalhadas que abordem os termos de rescisão e o processo de resolução de disputas pode ajudar a evitar mal-entendidos e fornecer um roteiro claro para lidar com problemas.
Comunicação Aberta e Negociação:
Ao surgirem conflitos, a comunicação aberta e a negociação construtiva são essenciais. As partes envolvidas devem procurar resolver os problemas por meio de discussões diretas, compartilhando preocupações e explorando soluções mutuamente aceitáveis.
Litígio como Último Recurso:
O litígio em tribunal é geralmente considerado o último recurso para resolver disputas contratuais. É um processo demorado, caro e pode prejudicar relacionamentos comerciais. Portanto, muitas vezes é preferível explorar métodos alternativos de resolução antes de recorrer ao litígio.
Exemplo Prático:
Uma empresa de tecnologia está em disputa com um cliente B2B sobre o não cumprimento de prazos de entrega. Ambas as partes concordaram em tentar resolver a disputa por meio de mediação. Um mediador é nomeado para facilitar as discussões entre as partes e ajudá-las a chegar a um acordo sobre a melhor maneira de resolver o problema.
A resolução de conflitos contratuais no ambiente B2B é uma parte importante para manter relacionamentos saudáveis e evitar litígios prolongados. A inclusão de cláusulas contratuais que abordam a resolução de disputas, juntamente com a consideração de métodos alternativos como mediação e arbitragem, pode ajudar a promover a resolução eficiente e justa de conflitos.

Capítulo 7: Internacionalização no Ambiente B2B

7.1 Oportunidades e desafios do comércio internacional B2B

O comércio internacional oferece oportunidades significativas para empresas B2B expandirem seus mercados, alcançarem novos clientes e aumentarem sua base de receita. No entanto, também traz consigo uma série de desafios que precisam ser abordados para garantir o sucesso no ambiente global. Aqui estão as principais oportunidades e desafios do comércio internacional B2B:

Oportunidades:

1. Acesso a Novos Mercados: A expansão internacional permite que as empresas acessem mercados que podem ter uma demanda crescente por seus produtos ou serviços, abrindo novas oportunidades de crescimento.

2. Diversificação de Riscos: Ao operar em diversos mercados, as empresas podem mitigar os riscos associados a flutuações econômicas e políticas em um único país.

3. Aproveitamento de Recursos e Habilidades Únicas: A internacionalização pode permitir que as empresas capitalizem recursos e habilidades únicas disponíveis em outros países, como mão de obra especializada ou matérias-primas específicas.

4. Aumento da Competitividade: Participar do comércio internacional pode impulsionar a inovação e a qualidade dos produtos, tornando as empresas mais competitivas globalmente.

Desafios:

1. Barreiras Comerciais e Regulatórias: Diferentes países têm regulamentações e barreiras comerciais distintas que podem dificultar a entrada e a operação nos mercados internacionais.

2. Diferenças Culturais e Linguísticas: Adaptar-se às diferenças culturais e linguísticas é essencial para construir relacionamentos sólidos com clientes e parceiros em diferentes países.

3. Volatilidade Cambial: Flutuações nas taxas de câmbio podem impactar os custos de produção, preços de produtos e a rentabilidade das operações internacionais.

4. Logística e Cadeia de Suprimentos: Gerenciar eficientemente a logística e a cadeia de suprimentos em múltiplos países pode ser complexo devido a desafios de transporte, regulamentações aduaneiras e distâncias geográficas.

5. Riscos Políticos e Econômicos: Mudanças políticas, instabilidade econômica e conflitos podem afetar negativamente as operações internacionais.

6. Concorrência Global: A expansão internacional também significa competir com empresas locais em mercados estrangeiros, o que pode ser desafiador.

Exemplo Prático:

Uma fabricante de produtos eletrônicos com sede nos Estados Unidos decide expandir para mercados internacionais, incluindo a Ásia. A empresa enfrenta desafios como tarifas de importação, regulamentações técnicas diferentes e a necessidade de adaptação às preferências dos consumidores locais. No entanto, as oportunidades incluem um grande mercado em crescimento na região e a possibilidade de diversificação de receitas.

O comércio internacional B2B oferece oportunidades empolgantes para expansão e crescimento, mas também apresenta desafios complexos que requerem uma abordagem estratégica e adaptável. Empresas que buscam se envolver no comércio internacional devem estar preparadas para enfrentar questões como barreiras comerciais, diferenças culturais e riscos cambiais, ao mesmo tempo em que buscam capitalizar as vantagens competitivas que a expansão global pode oferecer.

7.2 Adaptação cultural e legal em transações internacionais

A adaptação cultural e legal desempenha um papel fundamental ao realizar transações internacionais no ambiente Business-to-Business (B2B). A globalização oferece oportunidades incríveis, mas também apresenta desafios únicos que as empresas precisam enfrentar para garantir o sucesso e a conformidade em mercados estrangeiros. Aqui estão os principais aspectos sobre a importância da adaptação cultural e legal em transações internacionais:

Adaptação Cultural:

1. Respeito à Diversidade: Diferenças culturais impactam a forma como os negócios são conduzidos, desde as práticas de comunicação até as normas de etiqueta. Respeitar e compreender as normas culturais de um país é essencial para construir relacionamentos sólidos.

2. Comunicação Eficaz: Adaptar a comunicação para evitar mal-entendidos culturais é fundamental. Isso inclui considerações sobre estilo de comunicação, tom, linguagem e até o uso adequado de gestos e expressões.

3. Negociação e Tomada de Decisão: Diferentes culturas têm abordagens variadas em relação à negociação e à tomada de decisões. Algumas podem ser mais diretas, enquanto outras valorizam a construção de relacionamentos antes de discutir negócios.

Adaptação Legal:

1. Regulamentações e Normas Locais: Cada país possui regulamentações específicas que podem afetar as operações de uma empresa. Isso pode incluir regras sobre importação, exportação, impostos, licenças e outras questões comerciais.

2. Propriedade Intelectual: As leis de propriedade intelectual variam entre os países e podem afetar direitos autorais, patentes, marcas registradas e segredos comerciais. Empresas precisam proteger adequadamente sua propriedade intelectual em mercados estrangeiros.

3. Contratos e Leis Contratuais: Os contratos internacionais devem ser adaptados para refletir as leis locais, incluindo cláusulas que lidam com a jurisdição e a resolução de disputas.

4. Direitos dos Trabalhadores: As empresas também precisam estar cientes das leis trabalhistas locais para garantir que estejam em conformidade com regulamentações de emprego, benefícios e direitos dos trabalhadores.

Questões Relacionadas à Propriedade Intelectual:

1. Registros Internacionais: Empresas devem considerar o registro de suas marcas, patentes e direitos autorais em países onde desejam operar para proteger seus ativos intelectuais.

2. Respeito pela Propriedade Intelectual Alheia: Conhecer e respeitar as leis de propriedade intelectual em cada país é essencial para evitar violações que possam resultar em litígios.

Exemplo Prático:

Uma empresa de moda dos EUA está expandindo suas operações para o mercado chinês. Eles precisam considerar a adaptação de seus produtos para atender às preferências e tamanhos locais, além de compreender as regulamentações de importação e as normas culturais de negócios na China.

A adaptação cultural e legal é essencial para o sucesso em transações internacionais B2B. Empresas que levam em consideração as diferenças culturais, regulamentações locais e questões de propriedade intelectual estão melhor preparadas para estabelecer relações comerciais bem-sucedidas e evitar conflitos legais.

7.3 Estratégias de entrada em mercados estrangeiros

Ao entrar em mercados estrangeiros, as empresas B2B têm várias estratégias à disposição, cada uma com suas vantagens e desafios específicos. Essas estratégias podem ser adaptadas de acordo com os objetivos da empresa, a disponibilidade de recursos e as características do mercado-alvo. Aqui estão algumas abordagens comuns para a expansão global:

1. Exportação Direta:

A exportação direta envolve vender produtos ou serviços diretamente para clientes ou parceiros em mercados estrangeiros. Essa estratégia é adequada para empresas que buscam começar a expandir com baixo investimento inicial.

Vantagens: Controle direto sobre vendas e distribuição, menor investimento inicial, maior margem de lucro.

Desafios: Necessidade de entender as regulamentações de importação/exportação, lidar com logística internacional, estabelecer presença local.

2. Parcerias Estratégicas:

Parcerias com empresas locais podem oferecer acesso a redes de distribuição estabelecidas e conhecimento do mercado. Essas parcerias podem incluir distribuidores, representantes de vendas ou agentes comerciais.

Vantagens: Aproveitar o conhecimento local, alcançar clientes rapidamente, compartilhar riscos e custos com parceiros.

Desafios: Encontrar parceiros confiáveis, alinhar objetivos e interesses, garantir controle sobre a marca e a qualidade.

3. Joint Ventures:

Uma joint venture envolve a formação de uma nova entidade em parceria com uma empresa local. Isso pode ajudar a combinar recursos, conhecimentos e habilidades de ambas as partes para operar no mercado estrangeiro.

Vantagens: Compartilhamento de recursos e riscos, acesso direto ao conhecimento e experiência local, possibilidade de entrar em mercados regulamentados.

Desafios: Complexidade na gestão de parcerias, alinhamento de culturas corporativas, potencial para conflitos de interesse.

4. Aquisições:

Aquisições envolvem comprar uma empresa existente no mercado estrangeiro. Isso permite uma entrada rápida e acesso instantâneo à base de clientes e infraestrutura.

Vantagens: Entrada rápida no mercado, acesso a ativos e recursos, eliminação da concorrência local.

Desafios: Avaliação precisa do valor da empresa-alvo, integração de culturas e operações, gerenciamento de custos de aquisição.

Exemplo Prático:

Uma empresa de tecnologia dos EUA deseja entrar no mercado europeu. Ela pode optar por uma estratégia de exportação direta inicialmente, vendendo seus produtos diretamente para clientes europeus. Conforme sua presença cresce, a empresa pode considerar parcerias estratégicas com distribuidores locais para expandir sua cobertura de mercado.

As estratégias de entrada em mercados estrangeiros no ambiente B2B devem ser escolhidas com base nos objetivos da empresa, sua capacidade de recursos e a natureza do mercado-alvo. Cada abordagem tem suas próprias vantagens e desafios, e a escolha certa dependerá das condições específicas de cada empresa e mercado.

7.4 Logística internacional e cadeia de suprimentos global

A expansão internacional de empresas B2B traz consigo desafios significativos no âmbito da logística e da cadeia de suprimentos. A gestão eficaz desses aspectos é crucial para garantir que os produtos sejam entregues com sucesso aos clientes

em mercados estrangeiros. Aqui estão os principais desafios e considerações logísticas envolvidos na expansão internacional:
1. Transporte Internacional:
O transporte de mercadorias através das fronteiras envolve considerações complexas, como escolha do modo de transporte (marítimo, aéreo, terrestre), regulamentações de importação e exportação, custos alfandegários e tempo de trânsito. A coordenação eficaz do transporte internacional é essencial para evitar atrasos e garantir entregas pontuais.
2. Gestão de Estoque:
Gerenciar estoques em diferentes locais geográficos é um desafio crítico. Manter o equilíbrio certo entre o estoque disponível e a demanda do mercado estrangeiro é fundamental para evitar estoques excessivos ou faltas que possam afetar as operações e a satisfação do cliente.
3. Coordenação da Cadeia de Suprimentos:
Uma cadeia de suprimentos global envolve múltiplos elos, desde fornecedores até clientes finais. A coordenação eficiente de todas essas partes é essencial para garantir a fluidez das operações. Isso pode ser complicado pela distância, fuso horário e diferenças culturais.
4. Infraestrutura e Logística Local:
As condições de infraestrutura e logística em cada país podem variar significativamente. A disponibilidade de portos, estradas, aeroportos e outros meios de transporte influenciará a eficiência do transporte e da distribuição.
5. Gestão de Riscos:
Riscos como avarias no transporte, atrasos alfandegários, instabilidade política e desastres naturais podem impactar a cadeia de suprimentos internacional. Planos de contingência são necessários para mitigar esses riscos.
6. Tecnologia e Rastreamento:
O uso de tecnologia, como sistemas de rastreamento e monitoramento em tempo real, é essencial para rastrear a localização e o status das remessas em trânsito, permitindo ajustes rápidos quando necessário.
Importância da Eficiência Operacional Global:
A eficiência operacional global é vital para manter os custos sob controle, garantir entregas pontuais e atender às expectativas dos clientes. Isso envolve otimizar processos, minimizar tempos de trânsito e maximizar a utilização de recursos.
Exemplo Prático:

Uma fabricante de componentes eletrônicos dos EUA está expandindo para a Ásia. Ela precisa gerenciar a logística de transporte, considerar os tempos de entrega para diferentes países asiáticos e adaptar seu estoque para atender às demandas variadas.

A expansão internacional de empresas B2B traz desafios complexos na logística e na gestão da cadeia de suprimentos. A eficiência operacional global, combinada com a compreensão das particularidades logísticas em diferentes mercados, é essencial para garantir que os produtos sejam entregues de forma eficaz e que as operações funcionem sem problemas em nível global.

7.5 Casos de sucesso de empresas B2B internacionalizadas

Certamente! Aqui estão alguns exemplos de empresas B2B que tiveram sucesso na internacionalização e como enfrentaram desafios específicos ao expandir para mercados estrangeiros:

1. IBM:

A IBM é um exemplo clássico de sucesso na internacionalização B2B. Ao expandir globalmente, a IBM adaptou suas estratégias para se alinhar com as necessidades e regulamentações locais. Eles estabeleceram parcerias com empresas locais para ganhar conhecimento do mercado e fornecer soluções tecnológicas adaptadas às necessidades específicas de cada região.

2. Caterpillar:

A Caterpillar, líder global em equipamentos de construção e mineração, teve sucesso internacionalizando-se. Ao entrar em mercados estrangeiros, eles ajustaram seus produtos para atender aos requisitos de cada país e também estabeleceram joint ventures com parceiros locais para melhorar sua presença.

3. Airbnb for Work:

O Airbnb adaptou sua plataforma B2B, conhecida como "Airbnb for Work", para atender às necessidades de viagens de negócios. Eles expandiram para mercados globais, ajustando suas ofertas para acomodar viagens corporativas e fornecer acomodações convenientes para viajantes a trabalho.

4. Salesforce:

A Salesforce é um exemplo de sucesso na expansão internacional, oferecendo soluções de gerenciamento de relacionamento com o cliente (CRM). Eles abordaram desafios como regulamentações de dados e privacidade, ajustando sua plataforma para cumprir as leis locais e garantir a conformidade.

5. Zara:

A Zara, marca de moda espanhola, internacionalizou-se com sucesso ao adotar uma estratégia de rápido fornecimento e produção localizada. Eles ajustaram suas ofertas de acordo com as preferências culturais e sazonais de cada mercado, mantendo o frescor de suas coleções.

6. Maersk:

A Maersk, empresa de transporte e logística, expandiu globalmente construindo uma rede de operações eficiente. Eles enfrentaram desafios como regulamentações de transporte, questões alfandegárias e coordenação de logística em nível global, investindo em infraestrutura e tecnologia para superar esses obstáculos.

7. Huawei:

A Huawei, gigante chinesa de telecomunicações, teve sucesso internacionalizando-se, apesar dos desafios políticos e regulatórios. Eles construíram parcerias estratégicas e investiram em pesquisa e desenvolvimento para se tornarem líderes globais em tecnologia.

8. FedEx:

A FedEx, empresa de logística, enfrentou desafios de regulamentação e infraestrutura ao expandir para mercados estrangeiros. Eles adotaram uma abordagem adaptativa, ajustando suas operações para lidar com variáveis locais e se tornando uma empresa líder em transporte internacional.

Esses exemplos ilustram como as empresas B2B bem-sucedidas na internacionalização enfrentaram desafios únicos, adaptaram suas estratégias e abordaram as necessidades específicas de cada mercado. A flexibilidade, a compreensão das particularidades locais e o investimento em parcerias estratégicas e inovação foram fatores-chave para seu sucesso.

Capítulo 8: Futuro do B2B

8.1 Impacto da inteligência artificial no B2B

A inteligência artificial (IA) está desempenhando um papel transformador no setor Business-to-Business (B2B), revolucionando a forma como as empresas interagem, colaboram e conduzem seus negócios. O impacto da IA no B2B é abrangente e influencia diversos aspectos da operação, desde a automação de tarefas até a análise avançada de dados. Aqui estão alguns dos principais impactos da IA no setor B2B:

1. Automação de Processos:

A IA permite a automação de tarefas rotineiras e repetitivas, liberando os recursos humanos para tarefas mais estratégicas e criativas. Processos como triagem de emails, atendimento ao cliente via chatbots e gerenciamento de pedidos podem ser otimizados por meio da automação.

2. Análise de Dados Avançada:

A IA pode analisar grandes volumes de dados de forma rápida e precisa, proporcionando insights valiosos para a tomada de decisões estratégicas. Ela pode identificar padrões, tendências e correlações que seriam difíceis de serem detectados manualmente.

3. Personalização da Experiência do Cliente:

A IA permite a criação de experiências personalizadas para os clientes, oferecendo recomendações de produtos, conteúdo relevante e soluções sob medida. Isso ajuda a construir relacionamentos mais fortes e duradouros.

4. Otimização da Cadeia de Suprimentos:

A IA pode ser usada para prever demandas, otimizar a gestão de estoques e melhorar a eficiência na cadeia de suprimentos, reduzindo a ocorrência de estoques excedentes ou faltas.

5. Assistência à Decisão:

Sistemas de IA podem auxiliar na tomada de decisões complexas, fornecendo análises e cenários baseados em dados. Isso é especialmente útil para avaliar riscos, oportunidades e opções estratégicas.

6. Monitoramento em Tempo Real:

A IA permite o monitoramento contínuo de dados em tempo real, ajudando empresas a identificar problemas operacionais ou tendências emergentes e a tomar medidas corretivas de forma proativa.

7. Automação de Marketing e Vendas:

No B2B, a IA é usada para automatizar atividades de marketing, como segmentação de clientes, personalização de conteúdo e automação de campanhas. Além disso, a IA pode fornecer insights sobre leads qualificados e ajudar na previsão de oportunidades de vendas.

8. Melhoria da Eficiência Operacional:

A IA otimiza processos internos, melhorando a eficiência em áreas como gerenciamento de projetos, alocação de recursos e monitoramento de operações.

Exemplo Prático:

Uma empresa de logística B2B implementou sistemas de IA para otimizar a roteirização de entregas. A IA analisa fatores como tráfego, distâncias e restrições locais para criar rotas mais eficientes, economizando tempo e combustível.

A IA está redefinindo a forma como as empresas B2B operam, ajudando a automatizar tarefas, aprimorar análises, otimizar decisões e aumentar a eficiência global. As empresas que adotam a IA estão melhor posicionadas para competir em um ambiente de negócios cada vez mais tecnológico e orientado por dados.

8.2 Digitalização e transformação digital no setor B2B

A digitalização e a transformação digital são conceitos fundamentais que estão redefinindo a maneira como as empresas B2B operam, interagem e conduzem negócios em um ambiente cada vez mais digital. Essas abordagens envolvem a integração e a adoção de tecnologias digitais em todas as áreas de uma empresa para impulsionar a eficiência, a inovação e a criação de valor. Aqui está uma explicação mais detalhada desses conceitos no contexto B2B:

Digitalização:

A digitalização refere-se à conversão de processos, atividades e informações em formatos digitais, permitindo que sejam armazenados, compartilhados e processados de maneira mais eficiente. Ela envolve a substituição de processos manuais por processos automatizados e a migração de dados e informações para plataformas digitais.

Transformação Digital:

A transformação digital vai além da simples digitalização, envolvendo uma mudança fundamental na forma como uma empresa opera e cria valor. Ela inclui a redefinição de processos, a adoção de tecnologias emergentes, a incorporação de análise de dados avançada e a reestruturação de modelos de negócios para atender às demandas de um mundo digital.

Impacto no Contexto B2B:

A adoção da digitalização e da transformação digital no setor B2B está gerando uma série de impactos significativos:

1. Modelos de Negócios Inovadores: A transformação digital está permitindo a criação de novos modelos de negócios e parcerias, facilitando a conexão entre empresas de maneiras antes impensáveis.

2. Experiência do Cliente Aprimorada: A digitalização permite oferecer uma experiência do cliente mais fluida e personalizada, desde o processo de compra até o suporte pós-venda.

3. Eficiência Operacional: Processos digitais automatizados e integrados melhoram a eficiência operacional, reduzindo erros e tempo de execução.

4. Análise de Dados Avançada: A capacidade de coletar e analisar grandes volumes de dados ajuda as empresas a tomar decisões informadas e identificar padrões de comportamento do cliente.

5. Novas Oportunidades de Mercado: A digitalização cria oportunidades para explorar novos mercados e segmentos, muitas vezes além das fronteiras geográficas.

6. Inovação Contínua: A transformação digital incentiva uma cultura de inovação, permitindo que as empresas testem e implementem novas ideias de maneira mais rápida.

Exemplo Prático:

Uma fabricante de equipamentos industriais adotou a transformação digital, incorporando sensores IoT (Internet das Coisas) em seus produtos. Esses sensores coletam dados em tempo real sobre o desempenho das máquinas, permitindo a análise preditiva e a manutenção proativa, o que melhorou a eficiência e reduziu os tempos de inatividade para seus clientes B2B.

A digitalização e a transformação digital no contexto B2B representam uma mudança profunda na forma como as empresas operam, interagem e fornecem valor aos seus clientes. A adoção de tecnologias digitais está criando novas oportunidades, impulsionando a eficiência e redefinindo os padrões de excelência nos negócios.

8.3 Personalização em massa no comércio B2B

A tendência de personalização em massa no comércio B2B está ganhando cada vez mais destaque à medida que as empresas buscam atender às demandas únicas de seus clientes, mesmo em um contexto de vendas em larga escala. Essa abordagem envolve a utilização de dados, tecnologia e processos inteligentes para oferecer soluções customizadas que atendam às necessidades específicas de cada cliente. Aqui estão os principais pontos a serem considerados:

1. Dados como Base:

A personalização em massa depende da coleta e análise de dados relevantes sobre os clientes. Esses dados podem incluir histórico de compras, preferências, comportamento online, interações anteriores e até mesmo informações demográficas e de contexto empresarial.

2. Segmentação Avançada:

As empresas B2B estão usando segmentação mais avançada para agrupar seus clientes em categorias mais específicas. Isso permite que ofereçam soluções personalizadas que atendam a necessidades compartilhadas por um grupo específico de clientes.

3. Tecnologia de Automação:

Tecnologias como a automação de marketing e sistemas de gerenciamento de relacionamento com o cliente (CRM) permitem que as empresas automatizem o processo de personalização, garantindo que as mensagens e ofertas certas cheguem aos clientes certos no momento adequado.

4. Configuração Customizada:

Muitas empresas B2B oferecem a capacidade de personalizar produtos ou serviços de acordo com as necessidades específicas de cada cliente. Isso pode envolver a escolha de recursos, especificações técnicas e outras características.

5. Recomendações Inteligentes:

As empresas estão usando algoritmos de recomendação para sugerir produtos ou soluções com base nas preferências e histórico de cada cliente. Isso ajuda a aumentar as vendas cruzadas e a oferecer valor adicional.

6. Autosserviço Inteligente:

Plataformas de autosserviço inteligente permitem que os clientes explorem e escolham produtos, serviços ou soluções com base em suas necessidades específicas, sem a necessidade de interação humana direta.

7. Interação Multicanal Personalizada:

As empresas B2B estão oferecendo uma experiência consistente e personalizada em diferentes canais, seja por meio de sites, redes sociais, aplicativos móveis ou comunicações por email.

Exemplo Prático:

Uma empresa de software B2B implementou personalização em massa, oferecendo soluções de software ajustadas às necessidades específicas de cada cliente. Eles coletam informações sobre as operações de cada cliente e usam esses dados para personalizar as configurações e recursos do software, resultando em maior satisfação e eficiência para os clientes.

A personalização em massa no comércio B2B está se tornando essencial para atender às expectativas dos clientes e se destacar em um mercado competitivo. Ao usar dados e tecnologia de maneira inteligente, as empresas podem criar experiências sob medida que agregam valor aos clientes e estabelecem relacionamentos duradouros.

8.4 Novos modelos de colaboração entre empresas

Aqui estão alguns modelos emergentes de colaboração entre empresas no ambiente B2B:

1. Ecossistemas de Parceiros:

Ecossistemas de parceiros envolvem a criação de redes de empresas que colaboram para oferecer soluções abrangentes aos clientes. Cada empresa contribui com sua expertise única para atender a diferentes aspectos de uma demanda, ampliando o valor entregue.

2. Plataformas de Colaboração Online:

Plataformas de colaboração online permitem que empresas compartilhem informações, conhecimentos e recursos de maneira eficiente. Isso facilita a comunicação, a troca de ideias e a colaboração em projetos conjuntos, independentemente da localização geográfica.

3. Consórcios e Alianças Estratégicas:

Empresas B2B estão formando consórcios e alianças estratégicas para trabalhar juntas em áreas específicas. Isso pode envolver compartilhamento de recursos, pesquisa e desenvolvimento conjunto ou até mesmo marketing colaborativo.

4. Co-criação de Produtos/Serviços:

Empresas colaboram desde as fases iniciais de criação de produtos ou serviços, combinando seus conhecimentos e recursos para desenvolver soluções inovadoras que atendam às necessidades do mercado.

5. Modelos de Marketplace e Plataformas de Negociação:

Marketplaces B2B estão emergindo como espaços onde empresas podem se conectar para comprar, vender e trocar produtos e serviços. Essas plataformas promovem a colaboração entre empresas de diferentes setores.

6. Inovação Aberta:

Empresas estão abrindo suas portas para colaborações externas, buscando soluções inovadoras de startups, universidades e outras empresas. Isso estimula a criatividade e a troca de conhecimento.

7. Colaboração em P&D:

Empresas estão formando parcerias para realizar pesquisa e desenvolvimento conjuntos, compartilhando conhecimento e recursos para acelerar a inovação.

8. Redes de Fornecedores e Distribuidores:

Colaborações entre fornecedores, distribuidores e fabricantes permitem uma cadeia de suprimentos mais eficiente, reduzindo custos e melhorando a qualidade do produto final.

9. Compartilhamento de Recursos:

Empresas estão compartilhando recursos físicos, como instalações de produção ou equipamentos, para otimizar a utilização e reduzir custos.

Exemplo Prático:

Várias montadoras automotivas estão colaborando em iniciativas para desenvolver carros elétricos, compartilhando conhecimento sobre tecnologias de bateria e infraestrutura de carregamento. Isso permite que eles enfrentem os desafios da eletrificação de maneira mais eficaz e promovam a adoção de veículos elétricos.

Esses modelos de colaboração estão permitindo que as empresas B2B aproveitem os pontos fortes de seus parceiros, alcancem sinergias e criem soluções mais inovadoras e abrangentes. A colaboração entre empresas não apenas melhora a eficiência operacional, mas também impulsiona a criação de valor para todos os envolvidos.

8.5 Preparando-se para os desafios e oportunidades do futuro B2B

Conforme o ambiente B2B continua a evoluir em ritmo acelerado, as empresas devem estar preparadas para enfrentar os desafios e aproveitar as oportunidades que o futuro reserva. Aqui estão algumas diretrizes essenciais para navegar com sucesso nesse cenário em constante transformação:
1. Agilidade e Flexibilidade:
A agilidade é um ativo valioso para qualquer empresa no ambiente B2B. A capacidade de se adaptar rapidamente a novas tecnologias, tendências de mercado e demandas dos clientes é fundamental para permanecer competitivo.
2. Aprendizado Contínuo:
A busca pelo aprendizado contínuo é um fator-chave para o sucesso no futuro B2B. Isso inclui manter-se atualizado com as últimas tendências, tecnologias e práticas do setor para tomar decisões informadas e inovar de maneira consistente.
3. Foco no Cliente:
Manter o foco nas necessidades do cliente é crucial. Acompanhar as mudanças nas expectativas dos clientes e adaptar as estratégias de acordo é fundamental para garantir a satisfação do cliente e a fidelidade à marca.
4. Inovação e Experimentação:
As empresas devem adotar uma mentalidade de inovação constante. Experimentar novas abordagens, tecnologias e modelos de negócios pode levar a descobertas surpreendentes e a vantagens competitivas.
5. Colaboração e Parcerias:
A colaboração com outras empresas, startups e até mesmo concorrentes pode resultar em sinergias poderosas. A formação de

parcerias estratégicas pode acelerar a inovação e expandir as oportunidades de mercado.

6. Adoção de Tecnologia:

A tecnologia continuará a desempenhar um papel central no B2B do futuro. As empresas devem estar dispostas a adotar novas tecnologias, como IA, automação, análise de dados avançada e Internet das Coisas (IoT), para melhorar a eficiência e a tomada de decisões.

7. Foco na Sustentabilidade:

A sustentabilidade será uma consideração crítica no futuro B2B. As empresas devem considerar a adoção de práticas sustentáveis em suas operações, incluindo o uso de energia limpa, redução de resíduos e práticas responsáveis de cadeia de suprimentos.

8. Cultura de Adaptação:

Criar uma cultura organizacional que valorize a adaptação e a inovação é essencial. As empresas devem encorajar os funcionários a abraçar a mudança e a estar dispostos a explorar novas abordagens.

9. Atenção à Segurança Cibernética:

Com a digitalização contínua, a segurança cibernética se torna ainda mais crucial. As empresas devem investir em proteção robusta de dados e informações confidenciais para evitar violações de segurança.

10. Acompanhamento das Tendências:

Estar atento às tendências emergentes no mercado B2B e nos setores relevantes é fundamental. Isso permite que as empresas se antecipem a mudanças e ajustem suas estratégias de acordo.

Ao abraçar essas diretrizes, as empresas estarão bem equipadas para enfrentar os desafios e abraçar as oportunidades do futuro B2B. A adaptabilidade e a capacidade de aprendizado constante serão as chaves para permanecerem relevantes e bem-sucedidas em um cenário em constante evolução.